스위츠 홀릭의
달콤한 일본 여행

일러두기

- 이 책의 내용 중 고베, 교토, 오사카 지역의 취재는 간사이 지역 진흥재단, 간사이 프로모션 서울사무소, 고베 포트피아 호텔, 교토 타워 호텔, 오사카 크로스 호텔의 지원을 받았습니다.

스위츠 홀릭의
달콤한 일본 여행

도쿄, 고베, 교토, 오사카의 베스트 디저트숍 40

글 이민애 | 사진 이혜진

북하우스

prologue
달콤한 일본을 맛보다

나는 파티시에다.

매일 아침 나만의 작업실로 들어가 마음에 드는 앞치마를 두르고 제일 먼저 슈 반죽을 시작한다. 정성스럽게 만든 슈가 예쁘게 잘 부풀 수 있도록 힘을 실어줄 수분을 듬뿍 뿌린 뒤 오븐에 넣고 나면 이내 슈 특유의 고소한 향이 가게 안을 가득 채운다. 그즈음이면 슈의 속을 가득 채워줄 탱글탱글한 커스터드 크림도 완성된다. 부드럽고 달콤한 크림으로 꽉 찬 슈를 바라보는 아이의 눈빛을 보면 가끔 나의 동경제과학교 유학 시절이 생각난다.

파티시에가 되어 돌아오겠노라 말하며 당당히 떠난 일본 유학길. 하지만 생각처럼 쉽지만은 않았다. 한국의 가족들과 친구들도 너무 보고 싶었고, 매일 이어지는 엄청난 수업량은 때론 너무 벅차고 힘겨웠다. 물론 신나는 일들도 많았다. 당시 체험학습이라는 이름하에 학교 수업이 없는 주말이나 휴일마다 일본의 유명 스위츠숍들을 찾아다니던 일은 내 유학생활의 유일한 낙이었다. 커다란 쇼케이스 너머로 보이는 화려한 케이크와 따스한 감성이 가득한 구움과자들은 언제나 나에겐 감동으로 다가왔다. 가끔씩 운이 좋은 날에는 파티시에가 직접 매장으로 나와 제품에 대한 설명과 함께 아낌없는 조언을 해주기도 했다.

스위츠숍 기행에서 돌아온 저녁이면 그 흥분이 식어버리기 전에 나만의 방식으로 그곳의 느낌과 케이크들의 특징 등을 정리해나갔다. 그렇게 다녀온 곳이 하나둘씩 늘어나는 것을 볼 때마다 파티시에라는 목표에 한 걸음씩 가까워지며 성장해가는 것 같아 몹시 흐뭇했다. 그때 남겨둔 기록들이 모여 이 책의 바탕이 되었다.

・・・

일본에서는 케이크, 쿠키, 초콜릿처럼 달콤한 디저트들을 '스위츠 sweets'라고 부른다. 현재 일본의 스위츠는 스위츠의 본거지인 유럽에서도 엄지손가락을 치켜세우며 인정할 정도로 그 퀄리티가 대단하다. 그리고 전 세계의 유명 파티스리를 비롯해 블랑제리, 쇼콜라티에 등 다양한 스위츠숍들이 앞다투어 일본으로 진출하고 싶어 한다. 또한 100년 이상 이어져 내려온 일본 전통 디저트들도 그 맛이 유럽의 스위츠에 뒤지지 않는다.

책 속에는 내가 만났던 도쿄, 고베, 교토, 오사카의 맛있는 스위츠숍

40곳에 대한 이야기가 담겨 있다. 유학 시절 틈틈이 방문했던 추억의 스위츠숍을 비롯해 최근 일본에서 주목받고 있는 스위츠숍을 찾아가 그곳의 오너 파티시에들을 만나 나눈 이야기들을 아낌없이 담아냈다. 그밖에 매년 일본에서 행해지는 스위츠 관련 행사에 대한 정보, 저렴하고 질 좋은 베이킹 도구들을 구입할 수 있는 갓파바시 도구거리에 대한 간단한 소개도 부록으로 정리했다.

...

이렇게 자신만만하게 준비를 끝내고 출판을 앞둔 어느 날 나는 느닷없는 비보를 들었다. 바로 일본 동북부지방에서 일어난 대규모 지진으로 일본에 쓰나미 피해가 있다는 소식이었다. 여러 매체에서는 당시의 다급함과 피해를 입은 사람들이 실의에 빠진 모습을 보여주며 커다란 피해규모를 알려주었다. 이러한 뉴스를 접하면서 내 마음도 어찌나 무겁고 안타까웠는지 모른다. 상황이 그렇다 보니 당연히 계획했던 출판 시기는 많이 늦어지게 되었다. 내가 할 수 있는 일은 일본의 상황이 조금 더 나아지기를 바라는 일뿐이었다. 그리고 지금, 다행스럽게도 책을 다시 출간할 수 있게 되었을 만큼 일본의 상황이 많이 나아진 것 같아 마음이 한결 가볍다.

마지막으로 무모하기만 했던 나의 일본 스위츠 여행의 동무가 되어준 사진작가이자 사촌 동생인 혜진, 나의 든든한 버팀목이자 지원군인 가족, 취재를 위해 많은 도움을 주셨던 간사이 프로모션의 고지마 상과 츠지상, 취재 기간 동안 편안한 숙박을 지원해주신 고베 포트피아 호텔, 교토 타워 호텔, 오사카 크로스 호텔의 관계자 분들과 우리의 취재 요청에 흔쾌히 응해주신 모든 스위츠숍의 셰프님들께 감사의 인사를 전한다.

2013년 8월
이민애

contents

prologue
달콤한 일본을 맛보다 • 004

sweets shop in Tokyo 1
화려하고 기품 있는
도쿄 중심가의 스위츠숍

도쿄에서 만나는 세계 최고의
프랑스 수제 초콜릿
라 메종 뒤 쇼콜라 • 014

초콜릿 향으로 가득한 스위츠숍
르 쇼콜라 드 아슈 • 024

창의적이고 위트 있는 디저트를 만드는
행복배달부
르 파티시에 다카기 • 034

보석같이 빛나는 프랄린에 마음을 뺏기다
델레이 • 040

입안에 가득 퍼지는 눈부신 진주의 맛
미키모토 라운지 • 050

sweets shop in Tokyo 2
소박하지만 개성 만점인
도쿄 시내의 스위츠숍

일본 스위츠 업계를 이끄는 스타 셰프의 손맛
몽 생 클레르 • 058

도쿄에서 즐기는 파리지앵의 취향
파티스리 카카우에트 파리 • 066

일본 스위츠숍의 메카 지유가오카에서도 손꼽히는 곳
파티스리 파리 세베유 • 074

최고의 초콜릿 무스케이크를 맛보고 싶다면
파티스리 타다시 야나기 • 082

귀여운 프티 가토들이 가득한 디저트 카페
듀 파티스리 카페 • 092

몸도 마음도 건강해지는 야채로 만든 '착한' 스위츠
파티스리 포타제 • 102

sweets shop in Tokyo 3

아기자기한
도쿄 시내의 스위츠숍

당신의 기념일을 더욱 특별하게 만들어줄
사랑스러운 케이크
애니버서리 • 112

당신에게 선물하고픈 따뜻한 구움과자
르 코프레 드 쾨르 • 122

초콜릿으로 만들 수 있는 모든 것이 여기 있다
데오브로마 • 128

파리의 라 비에유 프랑스를 그대로 재현하다
라 비에유 프랑스 • 136

프랑스인 셰프의 손끝에서 빚어지는 동양적인 스위츠
에콜 크리올로 • 144

스위츠와 함께하는 '달콤한 생활'이란 바로 이런 것!
라 비 두스 • 152

sweets shop in Tokyo 4

한적하고 평화로운
도쿄 외곽의 스위츠숍

기치조지의 한가로움 속에서 맛보는 특별한 수플레
레피퀴리엥 • 160

바다소금을 넣어 만든 독특한 캐러멜의 맛
아 테 스웨이 • 170

화려하진 않지만 셰프의 진심이 느껴지는 몽블랑
릴리엔 베르크 • 178

엄마의 깊은 정성이 담긴 소박한 스위츠를 만드는 곳
오븐 미튼 카페 • 188

한적한 숲 속의 따스한 오두막 같은 과자공방
오크우드 • 198

sweets shop in Kobe

일본 스위츠의 역사가 시작된
고베의 스위츠숍

50년 이상의 역사가 살아 숨 쉬는 베이커리 카페
카페 프로인들리브 • 208

고베에서 가장 질 좋은 원두를 로스팅 하는 곳
그린스 커피 로스터 • 216

호텔 출신 파티시에들이 만드는 고급스러운 스위츠
파티스리 그레고리 컬렛 • 224

일본 최초의 수제 마시멜로 전문점
고베 마시멜로 로망 • 230

화려한 쇼트케이크와 품격 있는
서비스가 인상적인 곳
미카게 다카스기 • 238

새로운 발상으로 재탄생한 덴마크 치즈케이크
칸노야 • 246

우유로 만든 고소하고 달콤한
밀키시 잼과 스위츠들의 조화
카시스 패트리 • 252

아름다운 사람들이 만드는 정갈하고 단정한 스위츠
미우 • 260

sweets shop in Kyoto
양과자와 화과자의 맛이
조화를 이루는 교토의 스위츠숍

마카롱과 사랑에 빠진 파티시에
파티스리 카나에 • **268**

소박함의 힘이 무엇인지 보여주는
교토의 아담한 파티스리
파티스리 프티 자포네 • **278**

슈의 천국에 오신 것을 환영합니다!
크렘 데 라 크렘 • **286**

달콤함 한 번 취하고, 알코올 향에 또 한 번 취하고
고스트 • **292**

화로에 구워 먹는 일본식 전통 디저트
기온 도쿠야 • **298**

sweets shop in Osaka
일본 식도락가들의 도시
오사카의 스위츠숍

'카카오의 신'이라는 이름을 내건
오사카 최고의 쇼콜라티에
에크 추아 • **306**

예술가의 상상력을 더해 만든 달콤한 호밀빵
푸르 드 아슈 • **316**

쌀가루로 만든 건강한 롤케이크
파티스리 드 사무라이 고칸 • **324**

하루에 1만 개씩 팔리는
인기 만점 도지마 롤케이크
몽 셰르 • **330**

20년 이상 오사카 스위츠 팬들의
꾸준한 사랑을 받아온 스위츠숍
나가타니테이 • **336**

부록
• 놓치면 아쉬운 일본의 스위츠 페스티벌 • **344**
• 베이킹 도구, 여기에서 구입하면 저렴해요! • **346**

sweets shop in Tokyo 1

{ 화려하고 기품 있는
도쿄 중심가의 스위츠숍 }

라 메종 뒤 쇼콜라

LA MAISON DU CHOCOLAT

도쿄에서 만나는
세계 최고의 프랑스 수제 초콜릿

라 메종 뒤 쇼콜라는 1977년 프랑스 파리 생토노레 St.Honore에서 탄생한 초콜릿 전문점이다. 매년 파리에서는 살롱 뒤 쇼콜라 Salon du Chocolat라는 행사가 열리기 전, 프랑스 전역의 유명한 쇼콜라티에 100곳을 발표한다. 그 리스트를 '클럽 데 크로쿠에르 드 쇼콜라 Club des Croqueurs de Chocolat'라고 하는데, 라 메종 뒤 쇼콜라는 거의 매년 빠짐없이 별 5개를 받은 곳이다. 그 사실만으로도 맛과 역사가 아주 대단한 곳이라는 생각이 든다.

라 메종 뒤 쇼콜라의 창업자 로베르 랭스는 프랑스 부이용 Bouillon에서 쇼콜라티에로 첫발을 내딛고 1955년 파리에 자신의 초콜릿 가게를 오픈했다. 라 메종 뒤 쇼콜라라는 이름은 생토노레로 가게를 옮긴 뒤 새롭게 지은 이름이라고 한다. 생토노레로 이사를 한 후 로베르 랭스는 와인 저장고로 사용되던 지하창고를 초콜릿 제조를 위한 아틀리에로 개조한다. 당시만 해도 초콜릿은 크리스마스나 부활절 같은 특별한 날에만 먹을 수 있었기 때문에 초콜릿 전문점을 오픈하는 것은 상당한 용기가 필요한 결정이었다.

그는 '가나슈의 마술사'로 명성이 자자한데, 라 메종 뒤 쇼콜라의 명성은 전통적인 초콜릿 제조법을 충실히 지켜오며 30년 이상 고품질의 초콜

릿을 만들어 온 로베르 랭스의 장인정신이 빚어낸 결과물이다. 그 명성을 이어 라 메종 뒤 쇼콜라는 현재 런던, 뉴욕, 홍콩, 도쿄 등으로도 진출했다.

내가 라 메종 뒤 쇼콜라를 처음 알게 된 것은 일본 유학 시절 때다. 일본에서는 매년 신주쿠新宿의 이세탄伊勢丹 백화점에서 살롱 뒤 쇼콜라 축제가 열린다. 살롱 뒤 쇼콜라 축제가 열리는 곳에서는 일본의 유명한 파티시에와 쇼콜라티에는 물론이고 프랑스와 이탈리아를 비롯한 세계 각지의 일류 파티시에와 쇼콜라티에 들이 본인들의 부스에서 방문객들을 환대하고 제품을 홍보한다.

나는 살롱 뒤 쇼콜라를 통해 스위츠의 새로운 세계를 접하게 됐다. 특히 난생처음 맛본 라 메종 뒤 쇼콜라의 초콜릿은 신선한 충격이었다. 단 한 개의 봉봉 오 쇼콜라 bonbon au chocolat. 한입에 먹을 수 있는 작은 크기의 초콜릿도 고급스럽게 포장해주는 그 정성, 입안에 넣었을 때 부드럽게 퍼지던 그 맛은 그전까지 초콜릿의 매력을 잘 몰랐던 나에게 새로운 세상을 알려주는 신호탄과도 같았다. 결국 그 맛과 정성에 반해 그 자리에서 로베르 랭스의 책도 사고 그의 사인도 받고 말았다. 당시 로베르 랭스는 친절하게 내 이름을 묻고선 프랑스어로 짧은 편지까지 써주었다. 라 메종 뒤 쇼콜라와의 인연은 그것이 처음이자 마지막일 줄 알았다.

그런데 동경제과학교를 졸업할 무렵 졸업연수 여행이라는 뜻하지 않은 좋은 기회가 찾아왔다. 여행의 목적지는 프랑스 파리. 나는 어떤 일이 있더라도 파리의 라 메종 뒤 쇼콜라에는 꼭 가리라고 다짐했다. 나에게 초

콜릿의 신세계를 경험하게 해준 곳이었으니 당연한 결심 아니겠는가.

　라 메종 뒤 쇼콜라의 생토노레 본점은 일본에서 만났던 라 메종 뒤 쇼콜라와 사뭇 다른 분위기였다. 명품 부티크의 기품과 멋이 넘쳤다고나 할까. 더욱 놀라웠던 것은 프랑스였지만 일본인 종업원을 고용해 파리를 찾는 수많은 일본인 관광객들이 불편함 없이 쇼핑할 수 있도록 배려한 점이었다. 이것만 봐도 얼마나 많은 일본인들이 라 메종 뒤 쇼콜라의 초콜릿을 사랑하는지 알 수 있었다.

　일본의 라 메종 뒤 쇼콜라는 10년이 넘은 역사를 자랑한다. 라 메종 뒤 쇼콜라 일본 1호점은 아오야마青山의 오모테산도역 근처에 있다. 라 메종 뒤 쇼콜라 오모테산도 지점 쇼케이스 안에 진열되어 있는 초콜릿 중에는 파리에서 직접 만들어 공수해온 20여 가지의 봉봉 오 쇼콜라를 비롯해 라 메종 뒤 쇼콜라의 창시자 로베르 랭스가 직접 만든 신제품도 들어있었다. 긴 쇼케이스를 뒤로 하고 2층으로 올라가면 작고 아담한 카페 공간도 나온다. 2층 카페에서는 파리에서 직접 가져온 초콜릿 타르트, 가토 쇼콜라를 비롯해 매일매일 바뀌는 봉봉 오 쇼콜라 세트와 초콜릿 드링크도 판매 중이다.

　라 메종 뒤 쇼콜라는 오모테산도 지점 이외에도 마루노우치丸の內 지점과 긴자銀座의 마츠야松屋 백화점 1층에 위치한 긴자 지점이 있다. 우리나라에서도 점차 빵과 초콜릿 같은 디저트에 대한 관심이 높아지고 있는데, 서울에도 라 메종 뒤 쇼콜라 지점이 생겨 조만간 프랑스 최고의 초콜릿 맛을 느껴볼 수 있으면 하는 바람이다.

1 색색의 패키지로 포장된 라 메종 뒤 쇼콜라의 판초콜릿들.
2 초콜릿을 만들 때 쓰는 도구들도 근사하게 전시해두었다.
3 라 메종 뒤 쇼콜라 매장 한쪽에는 판매 중인 초콜릿을 작품처럼 전시해놓은 공간도 있다.
4 에스프레소를 주문하면 초콜릿도 함께 나온다.

주소 東京都港区北青山 3-10-8
전화 03-3499-2168
영업 오전 12시~오후 8시 (카페 마지막 주문은 오후 7시 30분까지)
휴일 연중무휴
위치 도쿄메트로 긴자선 오모테산도역 B2번 출구로 나와 도보로 5분
홈페이지 www.lamaisonduchocolat.co.jp

라 메종 뒤 쇼콜라의 베스트 제품

코프레 오랑제트 コフレ・オランジェット (￥2,500)

설탕 시럽에 절인, 향이 강한 오렌지 껍질에 라 메종 뒤 쇼콜라의 진한 다크초콜릿을 코팅한 제품이다. 품질 좋은 다크초콜릿의 쌉싸래한 맛과 오렌지의 향긋하고 달콤한 맛의 조화가 일품인 제품이다.

미니 코프레 세트 ミニコフレ (￥1,200~5,600)

봉봉 오 쇼콜라를 2개에서 18개까지 선택적으로 넣어 구성할 수 있는 라 메종 뒤 쇼콜라의 선물 세트. 참고로 '코프레(coffret)'는 프랑스어로 '작은 상자'라는 뜻이다. 전체 금액에 상자 포장 비용이 포함되어 있다.

르 쇼콜라 프라페 과야킬 Le Chocholat frappe Guayaquil (￥1,100)

에콰도르 과야스 주의 대표 도시인 과야킬은 카카오의 원산지로 유명한 곳이다. 이곳의 카카오를 이용한 초콜릿 아이스크림과 달콤하고 진한 바닐라 풍미의 초콜릿 음료를 섞어서 만든 음료로 오모테산도 지점을 리뉴얼 오픈하면서 새롭게 선보인 메뉴라고 한다.

타셰 드 초콜릿 Tasse de Chocolat (￥2,350)

라 메종 뒤 쇼콜라의 부드럽고 진한 초콜릿 음료를 가정에서도 즐길 수 있도록 만든 제품으로 한 세트를 사면 약 5잔 정도 만들어 먹을 수 있다고 한다. 냄비에 우유와 물을 1:1의 비율로 넣고 끓인 뒤 적당량의 타셰 드 초콜릿을 넣고 약한 불에 올려 저어주면서 걸쭉한 느낌이 날 때까지 2~3분간 끓이면 된다.

르 쇼콜라 드 아슈

LE CHOCOLAT DE H

초콜릿 향으로 가득한
스위츠숍

4년간의 유학 생활을 마칠 무렵인 2006년, 부모님이 일본으로 여행 오신 적이 있다. 일본에서 오랜 시간을 보냈지만 주로 스위츠숍만 찾아다녔기 때문에 도쿄의 유명 관광지에 대해서는 잘 모르는 상태였다. 그래서 부모님이 오신다고 하니 반가운 마음이 드는 한편 어디로 모시고 가야 할지 막막하기만 했다. 그리고 여러 차례 고민한 끝에 내 생활을 있는 그대로 보여드리는 게 제일 좋겠다는 결론에 다다랐다. 내가 부모님을 모시고 가기로 결정한 곳은 평소에 좋아했던 스위츠숍들이 모여 있는 롯폰기六本木.

부모님과 나는 롯폰기 힐스六本木ヒルズ에서 저녁을 먹고 전망대로 올라가 도쿄타워를 배경으로 사진도 찍고 도쿄의 야경을 감상하는 등 모처럼만의 단란한 추억을 쌓았다. 모든 여정을 마친 뒤 나는 명색이 파티시에를 꿈꾸는 유학생이었으므로 부모님께 일본의 스위츠를 소개해드리고자 도쿄타워 근처에 있는 유명 스위츠숍에 모시고 갔다. 그때 갔던 곳이 르 쇼콜라 드 아슈다.

모던한 분위기가 물씬 풍기는 르 쇼콜라 드 아슈는 각종 콩쿠르에서 우승을 휩쓸면서 일본에 파티시에 붐을 일으킨 쓰지구치 히로노부 셰프가 2003년 오픈한 초콜릿 전문점이다. 쓰지구치 셰프는 지유가오카自由が丘

에 위치한 몽 생 클레르의 오너 셰프이기도 하다. 주변의 명품 부티크들에 전혀 주눅 들지 않을 만큼 세련되고 우아한 분위기를 가진 르 쇼콜라 드 아슈에 들어가면 엄선된 카카오로 만든 30여 종의 봉봉 오 쇼콜라가 제일 먼저 눈에 들어온다. 특히 세계 3대 진미 중 하나인 검정송로버섯으로 만든 초콜릿인 트뤼플 느와르는 쓰지구치 셰프의 강한 개성이 담겨 있는 스위츠다. 한 조각 먹자마자 입안에서 녹아내리는 그 맛은 감동, 또 감동, 또또 감동, 감동의 쓰나미다.

지금은 한국에도 르 쇼콜라 드 아슈 못지않은 고급스러운 스위츠숍들이 많아졌지만 부모님이 도쿄에 오셨을 때만 해도 이런 스위츠숍은 한국에서 보기 드문 곳이었다. 그래서였는지 그때 부모님들이 킬리만자로라는 은은한 커피향이 일품인 초콜릿 무스케이크와 가을부터 초봄까지만 판매하는 마롱콩피 maron confit. 시럽에 절인 밤를 너무 좋아하시며 드셨던 기억이 난다. 그래서 나는 지금도 가끔씩 일본에 가게 되면 르 쇼콜라 드 아슈의 마롱콩피를 꼭 챙겨서 사오곤 한다.

르 쇼콜라 드 아슈는 다른 스위츠숍과는 다른 특별한 점이 있다. 바로 손님들이 초콜릿의 풍부한 향을 충분히 느낄 수 있도록 초콜릿 쇼케이스를 항상 열어둔다는 점이다. 덕분에 가게 안은 언제나 진한 초콜릿 향이 흘러넘친다. 쓰지구치 셰프의 말에 따르면 초콜릿의 디테일한 모양을 가까운 거리에서 보고 싶어 하는 손님들의 호기심을 채워주기 위해 쇼케이스를 열게 되었다고 한다. 미각으로만 맛을 느끼는 것이 아니라 후각과 시각으로도 초콜릿의 풍미를 한껏 즐길 수 있게 한 섬세한 배려심이 느껴지는 대목이다. 대신 르 쇼콜라 드 아슈에 들어갔을 때는 기분 좋은 서늘함도 각오해야 한다. 쇼케이스를 열어둔 상태에서도 초콜릿을 최상의 상태로 보관해야 하므로 항상 실내온도를 18~20도로 일정하게 유지해야 하기 때문이다.

르 쇼콜라 드 아슈를 즐기는 팁을 하나 더 공개하겠다. 이곳에서는 커피나 홍차와 같은 기본 음료 외에 초콜릿과 잘 어울리는 알코올음료도 판매한다. 개인적으로는 봉봉 오 쇼콜라와 달콤한 디저트 와인을 함께 즐기는 것을 추천한다. 르 쇼콜라 드 아슈의 디저트 와인은 아주 달지 않기 때문에 초콜릿이 가진 풍미를 충분히 즐길 수 있다. 와인과 초콜릿의 마리아주는 생각보다 괜찮은 편이다. 참고로 책의 출간을 앞두고 정보를 재확인해보니 2013년 6월 르 쇼콜라 드 아슈의 롯폰기 매장은 폐점하고 시부야渋谷에 새 매장을 오픈했다고 한다.

일상에 지쳐 우울하고 기운이 쭉 빠지는 날이면 지금 내가 일본이 아닌 한국에 있다는 사실이 너무 안타까울 뿐이다. 도쿄에 여행을 가신다면 종일 걷다가 힘들고 피곤해졌을 때 꼭 르 쇼콜라 드 아슈를 찾아가보길 바란다. 진한 초콜릿 향기가 여독으로 지친 당신에게 큰 힘과 기운을 불어넣어줄 테니 말이다.

1 립스틱 모양으로 만든 파운드케이크 루주.
2 초콜릿으로 만든 마카롱 선물 세트.
3 할로윈 기간을 맞아 출시한 단호박 푸딩. 호박 캐릭터 그림이 익살맞다.
4 손님들이 보다 가까이에서 초콜릿을 볼 수 있도록 쇼케이스를 열어두었다.

주소 東京都渋谷区渋谷 2-21-1 渋谷ヒカリエ ShinQs B2F
전화 03-5468-3167
영업 오전 10시~오후 9시 (마지막 주문은 오후 8시 30분까지)
휴일 연중무휴
위치 도쿄메트로 후쿠토신선 시부야역 B3출구에서 직진, 도보로 1분
　　　도쿄메트로 한조몬선 시부야역 B3출구에서 직진, 도보로 1분
홈페이지 http://www.lcdh.jp

르 쇼콜라 드 아슈의 베스트 제품

루주 ルージュ (￥370)
밀크초콜릿으로 코팅한 미니 파운드케이크다. 앙증맞은 크기의 파운드케이크들은 립스틱 상자처럼 생긴 작은 상자에 포장되어 있다. 그래서 이름도 '루주(rouge)'라고 한다. 상자에는 No.1부터 No.8까지 숫자가 적혀 있는데 번호마다 맛이 다르다.

슈 쇼콜라 シューショコラ (￥280)
코코아 슈 반죽 위에 초콜릿 쿠키 반죽을 올려 바삭바삭한 식감을 살린 슈이다. 슈 안에는 입안에서 부드럽게 녹아 스며드는 초콜릿 크림을 가득 넣었다. 바삭한 식감과 달콤한 맛을 좋아하는 분들에게 강력 추천하는 메뉴다.

킬리만자로 キリマンジャロ (￥530)
깊은 풍미를 가진 초콜릿 크림과 최고급 품질의 커피를 사용하여 만든 커피 크림의 조화가 환상적인 초콜릿케이크다. 르 쇼콜라 드 아슈만의 특색 있는 초콜릿 나파주(nappage, 과자의 표면에 바르는 소스)로 마무리하여 케이크 표면이 반짝거린다.

스테판 ステファン (￥420)
쌉쌀한 맛의 비터초콜릿으로 만든 초콜릿 크림 위에 촉촉한 가토 쇼콜라를 올려 입안 가득 초콜릿의 묵직한 맛이 퍼지는 스위츠다. 초콜릿 크림 사이사이에는 캐러멜라이즈화한 스페인산 아몬드가 들어 있어 전체적으로 쌉쌀한 초콜릿의 풍미 가운데 고소한 맛과 씹는 식감을 선사한다.

LE PATISSIER TAKAGI
르 파티시에 다카기

창의적이고 위트 있는
디저트를 만드는 행복배달부

르 파티시에 다카기의 오너 셰프는 1992년 프랑스에서 열리는 3대 양과자 기술 대회인 가스트로노미크 아르파종 Gastronomieque d'Aarpajon에서 최연소 일본인으로 1등을 차지하며 주목을 받은 다카기 야스마사 셰프다. 그는 현재 4개의 파티스리를 운영하고 있는데 세타가야世田谷 구 후카자와深澤에 본점이 있고, 그 외에 아오야마 지점, 시부야 도큐도요코東急東横 백화점 지점 등이 있다. 후카자와 본점 근처에서는 르 쇼콜라티에 다카기라는 초콜릿 전문점도 운영 중이다.

내가 찾아간 곳은 르 파티시에 다카기 아오야마 지점이다. 본점이 유럽의 시골 마을 느낌이라면 스페인의 수도원을 모티브로 디자인한 아오야마 지점은 본점보다 장엄한 느낌이다. 벽에는 마들렌 틀로 만든 액자를 걸고 그곳에 따뜻한 색감의 조명을 떨어뜨려 마치 하나의 예술작품 같은 느낌도 주었다. 르 파티시에 다카기 아오야마 지점은 과자점의 의미를 가진 파티스리를 넘어 디저트와 가벼운 식사를 함께 즐길 수 있는 공간이다.

르 파티시에 다카기는 케이크 맛도 맛이지만 오너 셰프 다카기 셰프의 인기로도 유명하다. 다카기 셰프는 초등학교 4학년 때 자신이 처음 만든 마들렌을 어머니가 맛있게 드시는 모습을 보고 파티시에가 되고자 마음

먹었다고 한다. 정말 순수하고 예쁜 마음이라는 생각이 들었다. 그런 연유로 르 파티시에 다카기의 로고는 마들렌 모양이다.

그의 명성은 세계적이어서 한국, 대만의 양과자협회에서도 그에게 기술 자문을 구할 정도라고 한다. 실제로 다카기 셰프를 인터뷰 하던 날, 그는 나에게 한국 제과업체 바이어의 명함을 보여주며 정말 한국에서 유명한 곳인지 물어보았다. 그곳에서 몇 년 전부터 자신에게 기술 자문을 구하러 찾아왔었다고 하면서 말이다.

다카기 셰프는 약 10여 년부터 레스토랑에서 케이크를 비롯해 간단한 파스타 및 여러 종류의 빵을 사용하여 만든 샌드위치, 파니니, 키시 등을 손님들에게 선보여 굉장한 사랑을 받았다고 한다. 일종의 디저트 카페 메뉴를 선보였던 것인데 최근 들어 디저트 카페가 유행하는 것을 보면서 트렌드를 앞서는 그의 감각과 실력에 감탄할 수밖에 없었다.

그는 파티시에라면 기계적으로 과자를 만드는 일에만 집중하지 말고 고개를 들어 주위를 바라보며 계절과 자연과 사람을 느껴야 한다는 조언을 해주었다. 여유로움에서 비롯되는 번뜩이는 영감은 새로운 제품을 만드는 원동력이 되고 그 제품은 다시 사람들에게 기쁨을 줄 수 있다고 덧붙였다. 부드러운 말투로 조곤조곤 이야기하는 다카기 셰프를 보니 자신이 만든 과자를 맛있게 먹는 어머니의 모습을 보고 파티시에의 길을 가겠다고 다짐한 어린 소년의 순수함과 따뜻함이 다시 한 번 느껴졌고 동시에 즐기며 일하는 사람은 이길 수 없겠다는 생각도 떠올랐다.

주소 東京都港区南青山 2-27-18 パサージュ青山 1F
전화 03-6459-2667
영업 오전 11시~오후 9시
휴일 연중무휴
위치 도쿄메트로 긴자선 가이엔마에역에서 도보로 3분
　　　아오야마 거리를 시부야 방향으로 1분 정도 걸어간 뒤 우체국이 보이는 골목에서 좌회전 후 직진
홈페이지 http://www.lplctakagi.jp

르 파티시에 다카기의 베스트 제품

아르파종 アルバジョン (￥520)

밀크초콜릿과 다크초콜릿으로 만든 두 가지 크림 안에 피스타치오 크림과 산딸기를 넣어 만든 초콜릿케이크다. 겉모습만 보고 일반적인 초콜릿케이크들과 다를 게 없다고 생각했다가 세 가지 크림의 맛을 동시에 느끼면서 감탄하게 되는 제품이다.

코쿠시넬 コクシネル (￥430)

오렌지와 레몬을 섞은 상큼한 무스케이크에 화이트초콜릿을 입혀 눈 덮인 하얀 동산을 연출하고, 그 위에 초콜릿으로 만든 빨간 무당벌레 장식을 얹은 발랄한 케이크다. 코쿠시넬은 프랑스어로 '무당벌레'라는 뜻이다.

라세느 ラセーヌ (￥500)

다쿠아즈 시트에 살구와 패션후르츠 시럽을 발라 과일의 산뜻함을 더했다. 시트 사이사이에는 버터크림에 가까운 질감의 커스터드 크림을 바르고, 맨 위는 달콤한 캐러멜 크림으로 마무리한 깔끔하지만 기본적인 맛에 충실한 케이크다.

아위니옹 アウィニヨン (￥485)

초콜릿 타르트 위에 프랑부아즈 잼을 올린 뒤, 잔두야(gianduja, 헤이즐넛과 설탕을 혼합하여 녹인 비터초콜릿) 가나슈를 올린 제품이다. 우주선 모양이 위트가 넘친다.

델레이
DEL REY

보석같이 빛나는 프랄린에
마음을 뺏기다

도쿄의 긴자는 유명 백화점을 비롯해 화려한 해외 명품 브랜드숍, 고급 레스토랑 등이 즐비하게 늘어서 있는 곳이다. 뿐만 아니라 해외의 유명한 티 살롱과 파티스리, 쇼콜라티에 분점들도 아주 많다. 일본에서 베이킹을 공부한다면 절대 빠뜨릴 수 없는 지역이 바로 긴자다. 나 역시 되도록이면 긴자 거리에 자주 나가 많은 것을 보려고 했다. 특히 크리스마스 같은 중요한 시즌에는 꼭 긴자 거리를 찾아가서 눈으로라도 그 분위기를 느끼고, 어떤 제품들이 판매되고 있는지 꼼꼼히 살펴보았다. 돌아와서는 그날 보았던 스위츠들의 모양, 사용된 재료, 가게의 분위기, 손님들의 표정 등 세세한 것들을 적어 내려가면서 나만의 자료들을 쌓아갔다.

2005년 가을부터는 본격적으로 친구들과 함께 긴자에 케이크 메구리 めぐり, 순례, 돌아보기라는 뜻를 다녔는데, 그때 알게 된 곳 중 하나가 바로 벨기에 앤트워프Antwerp에서 직접 공수해온 초콜릿을 파는 델레이라는 스위츠숍이었다. 거울로 꾸민 실내, 보석처럼 진열된 초콜릿, 그리고 눈을 의심하게 만드는 비싼 가격 등 델레이의 모든 것은 가난한 유학생인 나에게 충격으로 다가왔다. 당시 우리는 델레이 내부를 둘러본 뒤, 주머니 사정상 초콜릿 두 개만 겨우 사가지고 나와 네 명이 한입씩 나눠 먹었다. 생각보

다 비싼 값이었지만 그 정도 가격을 지불할 만큼의 맛으로 기억된다.

델레이는 초콜릿 대국 벨기에에서도 그 맛과 디자인에 있어서 최고로 인정받는 초콜릿 부티크로, 1949년 문을 연 이래 60여 년간 그 역사를 이어왔다. 델레이의 모든 제품은 수작업으로 만들어지는데, 그중 견과류 크림이 들어 있는 초콜릿인 프랄린praline이 유명하다. 벨기에 델레이의 명성을 이어받아 2004년, 세계에서 두 번째로 문을 연 델레이의 초콜릿 부티크가 있는 곳이 바로 도쿄 긴자 거리다.

일본의 델레이에서 파는 모든 제품들은 앤트워프 본점에서 공수해오며 온도, 습도 조절 기능이 갖추어진 특별 냉장고에 넣어져 관리된다. 덕분에 일본에서도 벨기에의 델레이에서만 먹을 수 있던 프랄린을 맛볼 수 있게 됐다. 긴자에 문을 연 델레이가 많은 일본인들에게 사랑을 받자 이어서 오모테산도 힐스와 후쿠오카福岡에는 델레이 카페 앤드 쇼콜라티에도 오픈했다. 내가 방문한 곳은 오모테산도 힐스에 위치한 델레이 카페 앤드 쇼콜라티에(이하 델레이)다. 유럽 여행 중 방문했던 앤트워프 본점은 친근한 분위기였는데, 오모테산도 힐스의 델레이는 깔끔하고 우아한 분위기에 일본 특유의 감성이 더해진 또 다른 델레이였다.

홍보 담당자의 안내를 받아 오모테산도 힐스 본관 3층으로 들어서자 제일 먼저 눈에 들어온 것은 프랄린 하나하나를 최고급 다이아몬드처럼 진열해놓은 쇼케이스였다. 그 모습이 마치 보석 상점에서 보석들을 진열해놓은 것 같았다. 1등급 재료로만 만들어진 델레이의 대표적인 프랄린은 견과류 크림을 넣은 프랄린, 세계 3대 진미 중 하나인 송로버섯을 사용

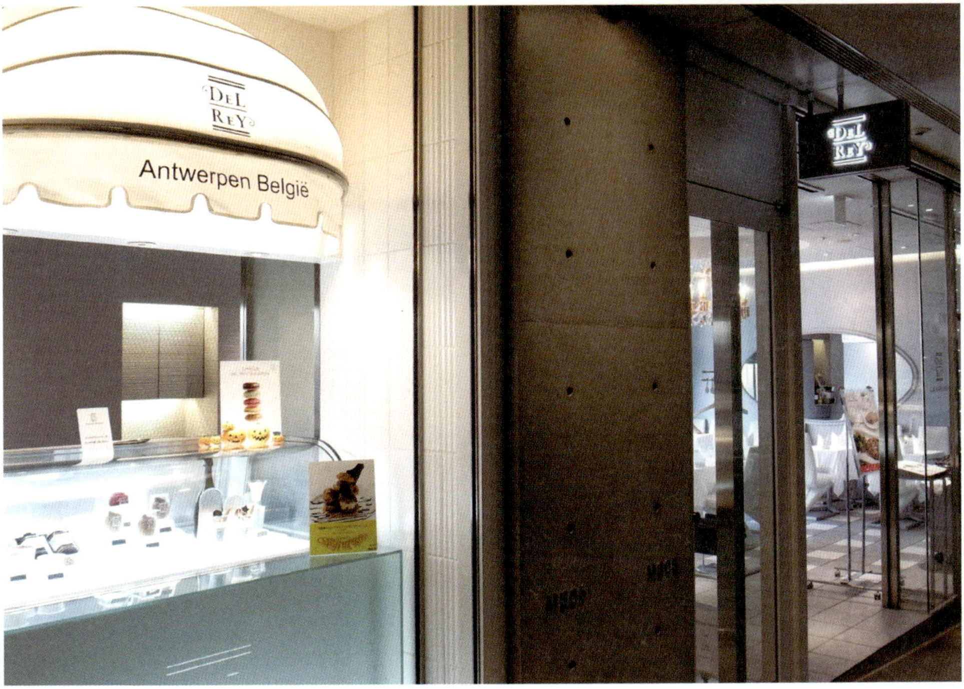
DEL
REY
Antwerpen België

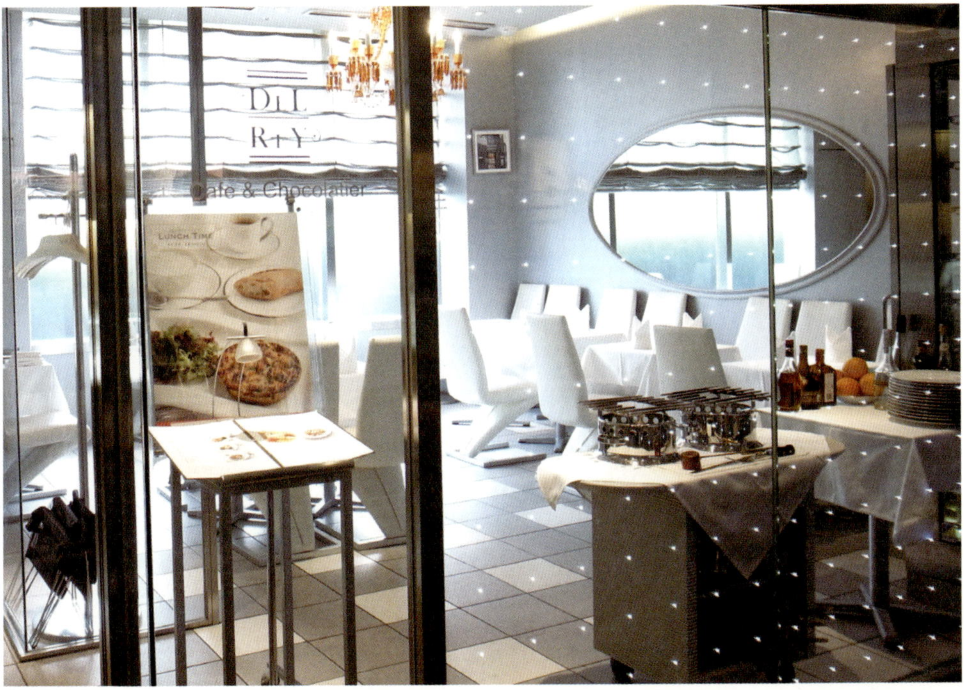
DEL
REY
Cafe & Chocolatier
LUNCH TIME

해 만든 프랄린, 바닐라 프랄린, 피스타치오 프랄린 등 네 종류였다. 아름다운 모양을 갖고 있는 다양한 프랄린들을 보고 있자니 '먹을 수 있는 보석'이라는 비유가 절로 떠올랐다.

눈길을 끄는 재미있는 제품이 또 하나 있었다. 바로 손 모양을 본뜬 초콜릿이다. 앤트워프라는 지명은 고대 로마 병사 브라보가 스헤르데 강에서 맹위를 떨쳤던 거인 안티곤의 손을 잘라 날려버렸다는 전설에서 유래된 말이라고 한다. 벨기에어로 손을 의미하는 'ant'와 '날려버리다'라는 뜻을 가진 'werpen'이 합쳐져 만들어진 이름이 지금의 앤트워프다. 때문에 손 모양은 앤트워프의 상징이 되었다.

델레이의 진한 초콜릿 맛을 즐기는 방법으로 한정 판매하고 있는 로열 아이스크림과 함께 먹는 것을 추천한다. 델레이에서 파는 아이스크림들은 프랄린과 마찬가지로 일본의 까다로운 수입 절차를 걸쳐 앤트워프 본점에서 공수해 온 아이스크림들로 현지의 그 맛을 그대로 전달하는 것으로 유명하다.

델레이를 즐기는 또 하나의 팁은 눈앞에서 플람베 flambée 퍼포먼스를 보여주는 크레이프 슈제트를 먹어보는 것이다. 플람베는 조리 과정의 맨 마지막에 알코올 도수가 높은 술을 달구어진 프라이팬에 부어 알코올을 순식간에 날려 음식의 풍미를 돋워주는 조리법이다. 오렌지와 오렌지 리큐르가 어우러져 만들어내는 향과 불길이 치솟는 볼거리가 매우 흥미로울 뿐만 아니라 상큼한 맛도 일품이니 델레이에 간다면 꼭 드셔보길 바란다.

1 오모테산도 힐스에 위치한 델레이의 전경.
2 델레이에서 파는 마카롱과 프랄린 중 마음에 드는 것들로 골라 선물 세트를 구성할 수 있다.
3 델레이의 모든 제품들은 쇼케이스 안에 보석처럼 진열되어 있다.
4 델레이 로고가 적힌 플라스틱 컵에 가득 담겨 있는 초코볼 세트.
5 큼지막한 판초콜릿도 인기상품이다. 개당 2,000엔.

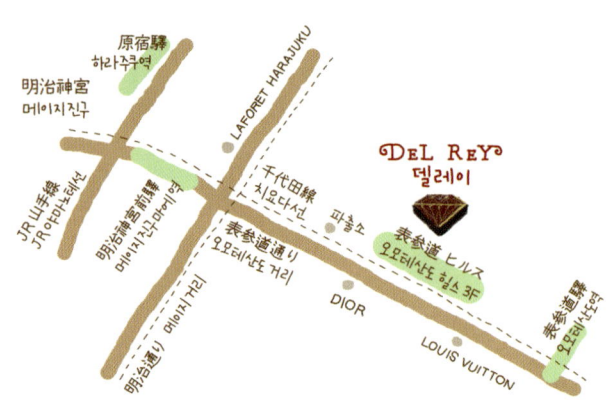

주소 東京都渋谷区神宮前 4-12-10 表参道ヒルズ本館 3F
전화 03-5785-1555
영업 오전 11시~오후 10시 30분 (일요일은 오후 9시 30분까지)
　　　마지막 주문은 폐장 시간 1시간 전까지만 받음. 테이크아웃 주문은 8시까지 받음
휴일 부정기 휴무
위치 긴자선 오모테산도역 A2 출구에서 도보로 2분, 오모테산도 힐스 본관 3층에 위치
홈페이지 http://www.delrey.co.jp

델레이의 베스트 제품

앤트워프 플레이트 드링크 세트
アントワープ プレート ドリンク (￥3,780)

홍차나 밀크티 등의 음료와 함께 프랄린 초콜릿이나 바닐라 아이스크림을 한꺼번에 즐길 수 있는 델레이의 세트 메뉴다. 디저트 세트 가격 치고는 만만치 않은 가격이지만, 벨기에서 공수되어 오는 최고급 수제 초콜릿을 맛볼 수 있는 기회이기 때문에 델레이에 방문하신다면 꼭 맛보길 추천하는 제품이다.

크레이프 슈제트 クレープ ジュゼット (￥2,730)

입가심을 위한 디저트일 뿐만 아니라, 한끼 식사로도 손색없을 만큼 푸짐한 양을 자랑하는 과일 크레페이다. 딸기, 파인애플 등의 상큼한 과일과 크레페의 달짝지근한 고소함도 인상적이지만, 플람베 등 눈길을 사로잡는 화려한 조리과정도 흥미롭다.

프랄린 선물 세트
プラリーヌ (개당 ￥380~￥480)

델레이에서 파는 다양한 종류의 프랄린을 원하는 개수만큼 상자에 담아 포장해주는 선물 세트다. 다이아몬드 모양의 프랄린부터 앤트워프의 상징인 손 모양의 초콜릿까지 다양한 구성을 할 수 있다는 것이 장점이다. 단, 포장을 위한 상자는 별도로 구매해야 한다. (상자 비용 ￥380)

클래식 쇼콜라 파르페
クラシック ショコラ パルフェ (￥1,680)

가토 쇼콜라, 초콜릿 무스, 초콜릿 아이스크림 등 초콜릿을 녹여 만들 수 있는 다양한 종류의 기본 디저트를 한 번에 맛보실 수 있는 파르페다. 앤트워프 플레이트 드링크 세트처럼 양에 비해 가격 부담이 적지 않은 디저트이지만, 벨기에산 초콜릿의 진하고 깊은 맛을 체험하고 싶다면 꼭 맛봐야 할 콜드 디저트다.

미키모토 라운지

MIKIMOTO LOUNGE

입안에 가득 퍼지는
눈부신 진주의 맛

미키모토 라운지는 우아하고 화려한 보석 디자인으로 유명한 일본의 주얼리 브랜드 미키모토에서 운영하는 스위츠숍이다. 긴자의 나미키並木 거리와 마로니에 거리 교차점에 위치한 미키모토 부티크 건물은 외관이 매우 독특해 오고 가는 사람들의 눈길을 사로잡는다.

 세계를 무대로 활동 중인 일본의 건축가 이토우 토요가 만든 미키모토 부티크 건물은 크고 작은 제각각의 모양을 지닌 창과 세계적으로 유명한 진주 브랜드답게 펄 핑크 컬러로 유명하다. 이 건물에는 옷, 주얼리, 화장품 등을 파는 다양한 숍들이 들어가 있지만, 파티시에인 내 눈길을 가장 끄는 곳은 역시나 3층에 위치해 있는 카페, 미키모토 라운지다.

 미키모토 부티크 건물 곳곳에 진열된 보석들을 감상하며 건물 가운데의 나선 모양 계단을 따라 3층으로 올라가면 모던하게 꾸며진 미키모토 라운지를 만날 수 있다. 차분한 분위기의 라운지 내부는 다양한 크기의 창문을 통해 들어오는 따스한 햇살을 받아 아름답게 반짝거린다.

 미키모토 라운지를 프로듀싱한 주인공은 사이타마埼玉 현 가스카베春日部에 위치한 파티스리 오크우드의 오너 셰프로 활약 중인 요코타 히데오 셰프다. 요코타 셰프가 미키모토 라운지를 프로듀싱할 때 가장 중점에

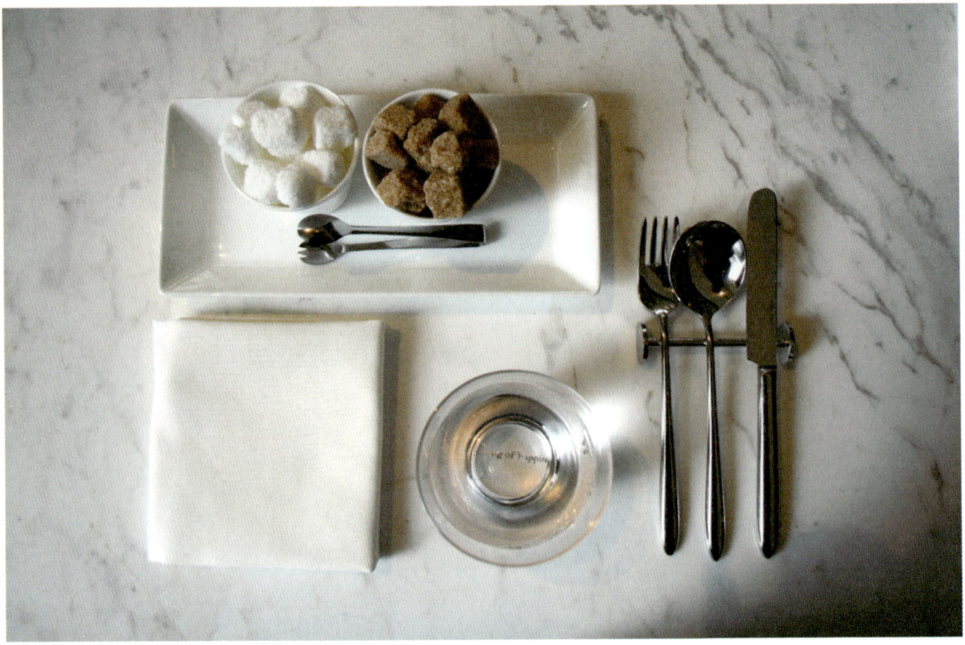

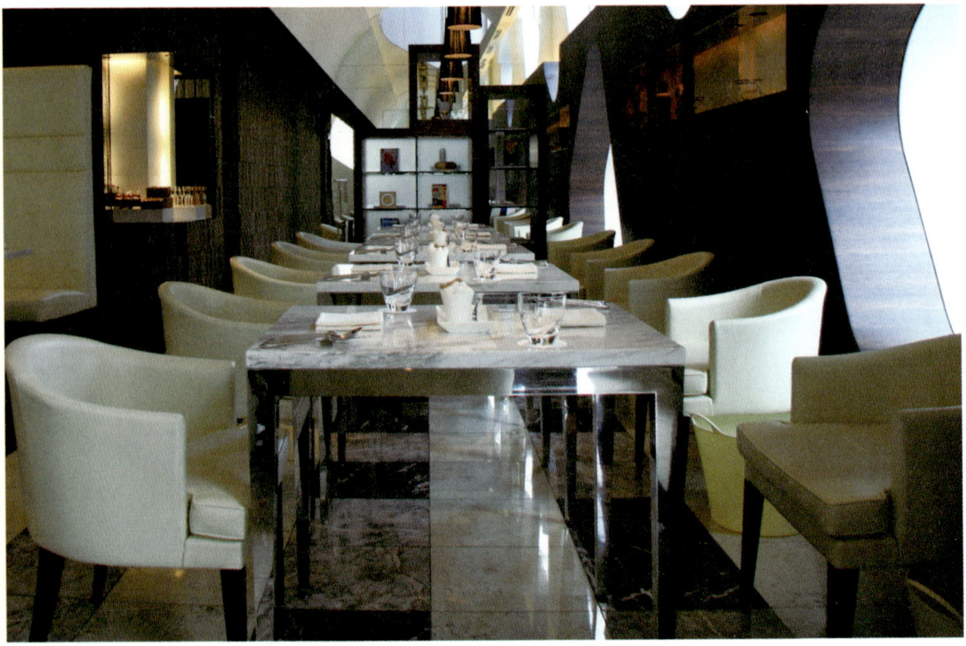

둔 것은 테이크아웃 중심의 파티스리에서는 맛볼 수 없는 '순간'의 맛을 표현하는 것이었다고 한다. 오븐에서 갓 구워져 나온 디저트의 따뜻함과 혀끝을 자극하는 차가움이 한 접시에서 어우러진 스위츠를 사람들에게 선사하고자 했던 것이다.

그런 고민 끝에 나온 미키모토 라운지의 대표 제품은 뭐니 뭐니 해도 '펄'이라는 이름의 디저트 세트 메뉴. 미키모토를 상징하는 보석인 진주에서 영감을 받아 창작된 이 제품은 패션후르츠의 달콤한 향기와 적당한 신맛을 가진 블랑망제 blanc-manger. 우유와 생크림, 설탕, 젤라틴 등을 섞어 굳혀낸 젤리 형태의 스위츠, 타피오카, 알로에, 망고의 조화가 아름다운 제품이다.

미키모토 라운지에 간 김에 제대로 된 차림으로 디저트를 즐기고 싶은 분에게는 해피니스 플레이트도 추천한다. 해피니스 플레이트는 시즌별로 메뉴가 바뀌는데 우리가 주문한 해피니스 플레이트는 밤으로 만든 크림 브륄레에 밀크초콜릿 가나슈를 얹은 밤 푸딩, 프랑부아즈와 생크림을 넣은 무시야키 초콜릿, 은은한 민트향이 나는 화이트초콜릿 아이스크림 등 세 가지 초콜릿을 사용해 구성한 세트였다.

보는 즐거움과 먹는 즐거움이라는 두 마리의 토끼를 모두 아쉬움 없이 누리며 제대로 된 스위츠의 맛을 즐기고 싶은 분들에게 꼭 긴자 거리의 미키모토 라운지에 가볼 것을 강력하게 추천한다.

주소 東京都中央区銀座 2-4-12 MIKIMOTO GINZA 2 3F
전화 03-3562-3134
영업 오전 11시~오후 7시 30분 (일요일과 공휴일은 오후 7시까지)
휴일 연중무휴
위치 도쿄메트로 마루노우치선, 긴자선, 히비야선 긴자역 A13 출구에서 도보로 1분
홈페이지 http://ginza2.mikimoto.com

1 미키모토 라운지의 대표제품, 펄(Perl). 한 접시당 1,500엔.
2 밀크초콜릿, 다크초콜릿, 화이트민트초콜릿 등 세 가지 종류의 초콜릿을 즐길 수 있는 메뉴, 해피니스 플레이트. 한 접시당 1,600엔.

sweets shop in Tokyo 2

{ 소박하지만 개성 만점인
도쿄 시내의 스위츠숍 }

몽 생 클레르

Mont St. Clair

일본 스위츠 업계를 이끄는
스타 셰프의 손맛

앞장에서 소개한 도쿄 미나토(港) 구에 있는 르 쇼콜라 드 아슈를 기억하는가? 그곳의 오너 셰프인 쓰지구치 히로노부 셰프는 일본 스위츠 업계를 이끄는 아주 유명한 셰프다. 그는 일본에 파티시에 붐을 일으킨 장본인이기도 하다. 쓰지구치 셰프는 르 쇼콜라 드 아슈 말고도 또 다른 디저트 가게를 운영하고 있다. 지유가오카에 있는 몽 생 클레르가 그곳이다. 르 쇼콜라 드 아슈가 초콜릿 전문점이었다면, 몽 생 클레르는 180여 종의 케이크, 초콜릿, 빵, 쿠키 등을 맛볼 수 있는 파티스리다.

   나에게 몽 생 클레르는 남다른 추억이 있는 곳이다. 몽 생 클레르를 알게 된 것은 2004년 동경제과학교에 입학한 직후였다. 주말마다 도쿄의 케이크 가게를 돌아보자는 친구의 제안을 따라 어느 날 주말, 지유가오카로 나섰다. 지유가오카는 내가 지금까지 봤던 일본과는 다른 곳이었다. 그때까지만 해도 나는 높고 큰 빌딩이 숲을 이루고 화려한 조명이 가득한 신주쿠 일대를 벗어나본 적이 거의 없었다. 그랬기 때문이었는지 도시적인 느낌이 덜하고 차분한 고요함이 깔린 지유가오카가 마냥 좋아 보였다.

   신주쿠에서 지유가오카까지 가는 길은 멀지 않았다. 시부야에서 도큐 도요코선을 타고 10분 정도만 가면 되는 거리다. 지유가오카에는 아기자

기하고 깜찍한 소품들이 가득한 잡화점, 유명한 레스토랑과 카페, 그리고 이런 경관들과 잘 어울리는 고급 주택들이 즐비하다. 물론 달콤한 디저트 가게도 빼놓을 수 없는 볼거리다. 지유가오카는 한마디로 참 예쁘고 사랑스러운 동네다.

   그즈음 지유가오카는 일본 스위츠 열풍의 핵심 지역이었다. 건물 전체가 달콤한 향기로 가득한 '스위트 팩토리'라는 공간도 오픈할 정도였으니 말이다. 예비 파티시에였던 나와 내 친구는 당연한 코스라는 듯 스위츠 팩토리에 들렀지만 사람들이 얼마나 많았던지 여유를 누릴 틈도 없이 어렵사리 빠져나왔던 기억이 선명하다. 그때 번잡한 스위트 팩토리 대신 좀 더 여유 있는 곳을 가자고 하면서 방문했던 곳이 몽 생 클레르다.

   몽 생 클레르의 문을 열면 케이크들이 한 치의 오차도 없이 질서 있게 진열되어 있는 커다란 쇼케이스가 제일 먼저 보인다. 그 너머로는 커다란 창을 통해 바쁘게 움직이는 파티시에들의 모습도 보인다. 넓은 창을 따라서는 바bar 형태의 카페가 있어 커피와 함께 케이크를 즐길 수 있도록 꾸며 놓았다.

   가게 한쪽에는 작은 쇼콜라티에 공간을 마련해 쓰지구치 셰프 특유의 개성이 돋보이는 초콜릿을 비롯해 과일 젤리 등을 진열해두었다. 돌이켜보면 유학생 처지에 먹고 싶은 케이크를 모두 사 먹을 만큼 돈이 없었기 때문에 갖고 있는 잔돈에 맞춰서 케이크 몇 개만 사가지고 나왔던 기억과 그렇게 산 케이크를 한입 가득 넣고 맛있게 먹었던 그때의 기억이 아직도 생생하고 아련하다.

　일본 전통과자를 만드는 집에서 자란 쓰지구치 셰프는 초등학교 시절, 친구의 생일 파티에서 쇼트케이크를 맛보게 된다. 그 맛에 반해 쓰지구치 셰프는 양과자를 만드는 사람이 되겠다고 결심한다. 그리고 열여덟 살이 되던 해, 고등학교를 졸업하자마자 파티시에가 되기 위해 고향을 떠나 도쿄로 상경한다. 그때부터 지금까지 20년 동안 쓰지구치 셰프는 하루도 빼놓지 않고 이른 새벽부터 모든 사람들이 잠자리에 드는 시간까지 주방에서 하루를 시작하고 끝맺는다고 하니 그 열정이 대단하지 싶다.

　그는 현재 지유가오카의 몽 생 클레르를 비롯해 일본 최초의 롤케이크 전문점인 지유가오카 롤야 自由が丘 ロール屋, 롯폰기의 명품 상점들과 어깨를 나란히 하는 고급 초콜릿 전문점 르 쇼콜라 드 아슈, 블랑제리 마리아주 드 파리네 Mariage de Farine, 잼 전문점 콘피츄르 아슈 Confiture H 등 개성과 콘셉트가 뚜렷한 10여 개의 스위츠 브랜드를 운영하고 있다.

　몽 생 클레르는 쓰지구치 셰프의 첫 번째 가게로 1998년에 오픈했다. 몽 생 클레르는 그가 프랑스에서 공부할 때 머물던 곳의 지명이라고 한다. 쓰지구치 셰프는 몽 생 클레르를 오픈한 이듬해인 1999년, 일본 후지TV의 〈요리의 철인 料理の鐵人〉이라는 요리 대결 프로그램에서 우승하면서 더욱 유명세를 타게 되었다.

　밖에서 보면 매우 조용한 것 같지만, 안으로 들어가면 항상 케이크와 쿠키를 사려는 사람들로 가득한 몽 생 클레르. 가게 한쪽에 마련된 일곱 개의 테이블에 앉아 지유가오카의 여유로움을 누리고 싶다면, 덜 붐비는 오전에 방문하시는 것을 추천한다.

주소 東京都目黒区自由ヶ丘 2-22-4
전화 03-3718-5200
영업 오전 11시~오후 7시 (마지막 주문은 오후 5시 30분까지)
휴일 수요일
위치 도큐도요코선 지유가오카역 정면출구로 나와 도보로 10분
홈페이지 http://www.ms-clair.co.jp

몽 생 클레르의 베스트 제품

몽 생 클레르 モンサンクレール (￥420)

가게의 이름을 그대로 딴 커피케이크다. 커피 풍미의 비스퀴(biscuit)를 깔고, 그 위에 커피 크림을 올린 뒤 헤이즐넛과 아몬드 프랄린으로 덮은 케이크로 커피의 향기로운 맛이 인상적인 제품이다.

세라비 セラヴィ (￥525)

화이트초콜릿의 달콤함과 프랑부아즈의 새콤함, 바삭한 피안티뉴가 조화를 이루는 화이트초콜릿 케이크다. 피스타치오로 만든 고소한 스펀지케이크 시트의 맛도 인상적이다.

아멜리 アメリ (￥525)

프랑부아즈와 카시스로 만든 버터 크림과 딸기젤리, 잣이 들어간 피스타치오 크림을 진한 피스타치오의 향이 느껴지는 조콩드 위에 번갈아가며 쌓아 올린 케이크다.

리안 엘레강 リヤン エレガン (￥525)

바삭한 사브레 반죽 위에 올린 진한 초콜릿 가나슈와 새콤달콤한 산딸기의 조합이 일품인 케이크다. 여기에 고소한 맛의 피스타치오 크림을 올려 마무리해서 다소 강하다고 느낄 수 있는 초콜릿의 풍미와 산딸기의 산미를 부드럽게 만들어 주었다.

Pâtisserie Cacahouète Paris
파티스리 카카우에트 파리

도쿄에서 즐기는
파리지앵의 취향

유학 시절 신주쿠에서 제일 큰 서점인 기노쿠니야 紀伊國屋 서점은 내가 마음 놓고 쉬던 몇 안 되는 안식처였다. 신주쿠 남쪽에 위치한 다카시마야 高島屋 백화점 바로 옆에 백화점만 한 크기의 빌딩이 있는데 그 빌딩 전체가 바로 기노쿠니야 서점이다. 특히 서점 2층은 각종 요리 책을 비롯해 제과 전문 서적부터 잡지까지 없는 게 없어 제과제빵 분야를 공부하는 사람에게는 정말 큰 도움이 되는 곳이다.

두 번째 취재를 계획하고 일본에 도착하자마자 나는 사촌 동생과 함께 기노쿠니야 서점에 가서 최근에 이름이 알려지기 시작한 스위츠숍들을 소개하는 책들과 그밖에 참고할 만한 책들을 구입했다. 이번에 소개할 파티스리 카카우에트 파리는 책을 통해 먼저 만난 스위츠숍이다. 파티스리 카카우에트 파리는 내가 동경제과학교를 졸업하던 2006년 말에 오픈한 곳으로, 프랑스인 오너 셰프가 운영하고 있는 스위츠숍이다.

파리 근교에서 태어난 제롬 퀘넬 셰프는 열여섯 살에 요리학교에 들어가 2년간 공부한 후 바로 파리의 최고급 레스토랑 라 투르 다르장 La Tour D'argent 에서 근무를 했을 만큼 실력 있는 셰프다. 그는 라 투르 다르장에서 일하던 중 디저트 만들기에 흥미를 느껴 2성급 레스토랑의 디저트 파

트와 마카롱으로 유명한 프랑스 라 뒤레 La Duree에서 근무하며 파티시에로서 경력을 쌓았다고 한다.

그 뒤 스물한 살이라는 젊은 나이로『미슐랭 가이드』에서 별 3개를 받은 레스토랑인 뤼카 카르통 Lucas Carton의 수석 파티시에가 된다. 하지만 그의 도전은 여기서 멈추지 않는다. 1년 뒤 피에르 에르메 Pierre Herme의 창립 멤버로 경험을 쌓은 뒤 파리 최고급 호텔 플라자 아테네 Plaza Athenee에서 일하며 경력을 더욱 업그레이드한다. 뿐만 아니라 이곳에서, 파리에 연수를 온 지금의 부인을 만나 연인의 땅 일본에 자리를 잡게 된다.

파티스리 카카우에트 파리에 들어서는 입구에는 귀여운 다람쥐가 그려진 푹신한 러그가 깔려 있다. 태어났을 때 선물로 받은 다람쥐 인형을 너무 좋아해 그는 자신을 표현하는 시그니처 캐릭터로 다람쥐를 사용하게 되었다고 한다. 귀여운 다람쥐 러그를 밟고 가게 안으로 들어가면 검정색을 바탕으로 한 인테리어가 모던한 분위기를 풍긴다. 카운터 앞쪽에는 낭만의 도시 파리를 생각나게 하는 사진집과 방명록이 있어서 손님들이 파티스리 카카우에트 파리에 바라는 점 등을 적을 수도 있다.

제롬 셰프는 제품을 만들어 낼 때 두세 가지 이상의 맛을 조합하지 않는 것이 원칙이라고 말했다. 그 이상의 맛을 조합하면 깔끔하지 못하고 조잡한 맛이 나기 때문이다. 또한 프랑스 레시피를 그대로 사용하는 것도 원칙이라고 한다. 하지만 일본인들은 입안에서 사르르 녹는 듯한 부드러움을 좋아하는 반면, 프랑스인들은 디저트를 구성하는 각각의 재료들이 뚜렷한 존재감을 드러내는 맛을 좋아하기 때문에 제롬 셰프는 프랑스인들의 입맛에 맞춰진 레시피에 자신만의 아이디어와 감각을 더해 일본인들의 입맛에도 맞는 제품으로 변화시키기 위해 노력 중이라고 했다.

파티스리 카카우에트 파리에서 가장 눈에 띄는 제품은 오픈 당시부터 이곳의 간판 제품이었던 크림 브륄레 crème brûlée. 크림 위에 설탕을 올려 덮은 뒤, 토치나 그릴로 강한 불을 가해 설탕을 녹여 바삭한 층을 만든 것 프레즈다. 파티스리 카카우에트 파리의 크림 브륄레 프레즈는 투명한 유리잔에 딸기 퓌레와 크림 브륄레를 넣고 둘 사이의 공간을 띄워 만든 것이 특징이다. 딸기 퓌레에 꽂힌 빨대로 딸기 퓌레를 빨아들이면 압력에 의해 퓌레 밑의 크림이 밑으로 떨어진다. 롤케이크도 파티스리 카카우에트 파리에 간다면 꼭 추천하고 싶은 제품이다. 오키나와沖縄산 흑설탕과 홋카이도北海道산 생크림으로 만든 이 롤케이크에는 파티스리 카카우에트 파리를 상징하는 다람쥐가 새겨져 있다.

그밖에도 프랑스 최고의 초콜릿 브랜드인 발로나 Valrhona의 세 가지 초콜릿을 사용해 만든 초콜릿 무스케이크, 바삭한 패스트리 안에 커스터드 크림을 넣어 만든 프랑스식 디저트 밀푀유 등 창의적인 발상이 엿보이는 다양한 디저트들을 만나볼 수 있다.

사랑하는 사람을 위해 먼 나라까지 와서 그녀와 함께 살뜰하게 파티스리를 지켜나가는 파란 눈의 젊은 파티시에의 열정이 느껴지는 파티스리 카카우에트 파리. 앞으로 이 젊은 셰프가 얼마나 더 독창적인 자신만의 스위츠를 만들어 세상에 내놓을지 기대가 된다.

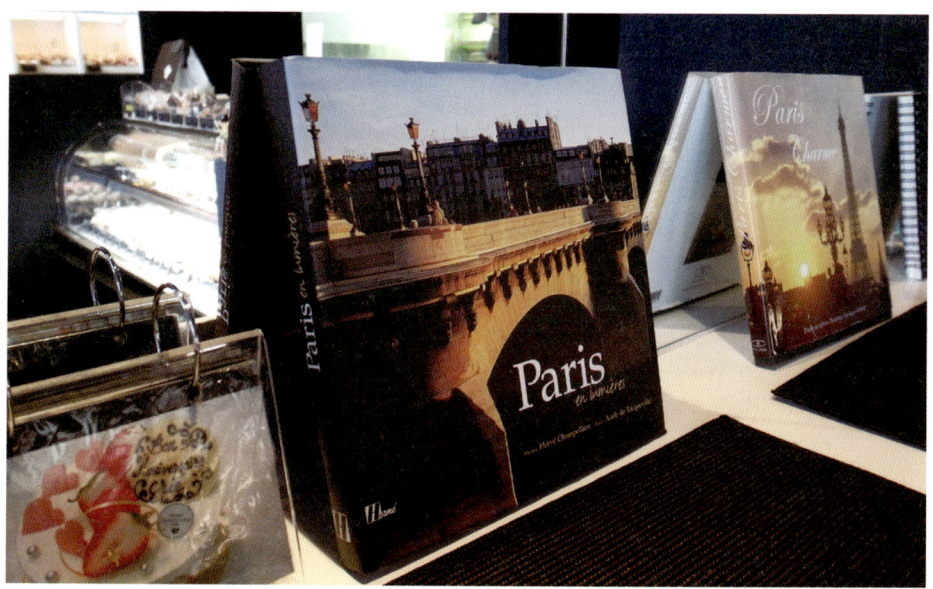

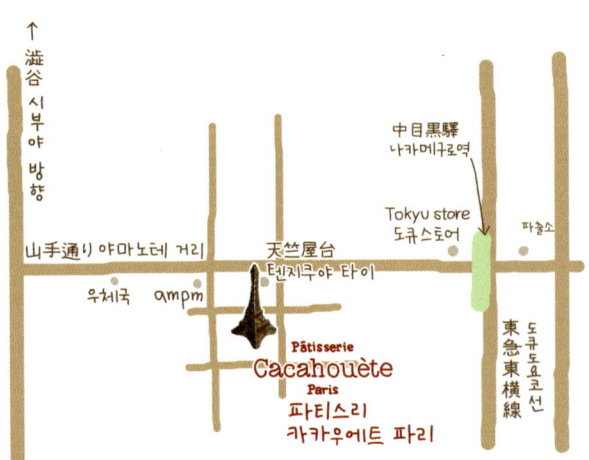

주소 東京都目黒区東山 1-9-6
전화 03-5722-3920
영업시간 오전 10시~오후 8시
휴일 매주 목요일, 매달 셋째주 수요일
위치 도큐도요코선 나카메구로역 출구에서 야마노테 거리 방향으로 600미터 직진 후
　　　중식 레스토랑 텐지쿠야 타이에서 좌회전, 도보로 7분
홈페이지 http://www.cacahouete-paris.jp

파티스리 카카우에트 파리의 베스트 제품

- 젤리
- 크림 브륄레
- 딸기 퓌레

크림 브륄레 프레즈
クレームブリュレフレーズ (￥580)

투명한 유리잔의 가장 바닥에는 딸기를 농축시켜 만든 퓌레를 넣고, 그 사이의 공간을 띄운 다음 크림 브륄레와 젤리를 올린 독특한 디자인의 디저트다. 빨대로 바닥에 깔린 딸기 퓌레를 다 먹고 나면 크림 브륄레와 젤리가 바닥으로 떨어지는 모습을 볼 수 있다.

롤케이크 ロール・ケーキ (￥1,000)

일본인이 좋아하는 촉촉하고 폭신한 스펀지케이크 반죽에 오키나와산 흑설탕을 넣어 케이크 시트를 만든 뒤, 홋카이도산 생크림을 올려 돌돌 말아 만든 롤케이크다. 롤케이크 겉면에 파티스리 카카우에트 파리를 상징하는 로고인 다람쥐가 찍혀 있어 더욱 귀여운 롤케이크로 선물용으로도 제격이다.

미스테르 ミステール (￥540)

밤 크림과 부드러운 밀크초콜릿 무스를 섞고, 그 안에 만다린 오렌지 젤리를 넣어 속을 채운 무스케이크다. 표면은 초콜릿으로 코팅한 뒤 다람쥐 문양이 새겨진 판초콜릿을 얹어 유니크한 디자인을 구현하였다.

코쿠시넬 コキシネル (￥520)

누가 무스, 마카롱 비스퀴, 살구 콩피, 피스타치오 크림을 층층이 올려 얹어 만든 무스케이크다. 케이크의 맨 위는 초콜릿으로 만든 깜찍한 무당벌레 장식을 얹어 위트 있는 개성을 표현한 디저트다.

Pâtisserie Paris S'éveille

파티스리 파리 세베유

일본 스위츠숍의 메카
지유가오카에서도 손꼽히는 곳

나는 지유가오카라는 이름만 들어도 달콤한 향이 온몸을 감싸는 듯한 느낌을 받는다. 지유가오카에는 도쿄의 내로라하는 유명한 스위츠숍들이 모여 있기 때문이다. 수많은 지유가오카의 디저트 가게들 중 오픈 이후부터 지금까지 꾸준하게 일본 스위츠 팬들의 사랑을 받으며 일본 스위츠숍 랭킹 상위권을 차지하는 곳이 있다. 바로 파티스리 파리 세베유다.

시부야에서 도큐도요코선을 타고 지유가오카역 정면출구로 올라온 뒤 가쿠엔學園 거리를 따라 주위의 아기자기한 작은 가게들을 구경하면서 5분 정도 걸어 들어가면 시부야로 가는 버스 정류장 바로 옆에 파티스리 파리 세베유가 있다.

시원하게 트여 있는 쇼윈도 너머에는 갓 구운 노릇노릇한 파이와 쿠키 선물 세트, 색색의 잼들이 따뜻한 햇살을 받으며 반짝인다. 쇼케이스 맞은편의 한쪽 벽면을 따라서는 매일 아침 새롭게 구워낸 빵과 쿠키들이 보기 좋게 진열되어 있어 가게 주변은 빵이 익어가는 고소한 냄새와 쿠키의 달콤한 냄새가 항상 가득하다. 이 따끈따끈한 빵들을 루바브, 패션후르츠 등의 계절과일을 사용해 만든 파티스리 파리 세베유의 잼에 발라 먹으면 그 포만감과 즐거움이 남다르다. 조각으로도 판매하는 자몽 타르트,

살구 타르트, 서양배 타르트의 맛은 또 어떻게 표현해야 좋을지!

쇼케이스 왼쪽으로는 널찍한 카페 공간이 있다. 카페의 큰 창문 너머로 가게 안을 바라볼 수가 있어서 산책 나왔다 들른 주민들이 따뜻한 커피와 케이크를 주문해놓고 여유롭게 책을 읽는 모습을 발견할 수 있다. 그 모습을 보고 있노라면 나 역시 복잡한 마음을 접어두고 좀 더 여유를 가져야겠다고 스스로를 다독이게 된다.

파티스리 파리 세베유의 오너 셰프는 가네코 미아키 셰프다. 그는 어릴 적 우연히 『파리 과자점』이라는 책을 보게 되었는데 책 속에 나와 있는 프랑스 전통과자를 만드는 파티시에와 그들이 만들어낸 수많은 스위츠들, 낭만적이고 이국적인 파리의 풍경에 깊이 빠졌다고 한다. 결국 열다섯 살이라는 어린 나이에 파티시에의 길로 들어서게 됐고 도쿄 르 노트르Le Nôtre를 시작으로 라 뒤레, 알랭 뒤카스Alain Ducasse 등 프랑스 현지의 유명한 파티스리에서 기량을 쌓고 일본으로 귀국한다. 그리고 2003년 6월 지금의 자리에 파티스리 파리 세베유를 오픈한다.

오렌지의 상큼한 맛을 끝까지 유지하기 위해 오렌지 풍미의 화이트초콜릿으로 장식한 디테일, 과일을 설탕이나 식초에 절인 새콤달콤한 콩피로 디저트들을 장식한 섬세함 등 파티스리 파리 세베유의 디저트들은 작은 부분까지도 심혈을 기울인 제품들이 많아 무엇을 먹어도 실망할 확률이 거의 없다. 일본 스위츠숍의 중심, 지유가오카에 가게 된다면 꼭 파티스리 파리 세베유에 들러 달콤한 파리의 낭만에 빠져보시기를 권한다.

1 나무바닥을 비롯해서 우드 계열의 테이블과 의자가 편안함을 선사한다.
2 파티스리 파리 세베유의 선물 상자.
3 다양한 종류의 구움과자들을 판매하고 있어 선택의 폭이 넓다.

주소 東京都目黒区自由が丘 2-14-5 館山ビル 1F
전화 03-5731-3230
영업 오전 10시~오후 8시
휴일 연중무휴
위치 도큐도요코선 지유가오카역 정면출구에서 도보로 3분

파티스리 파리 세베유의 베스트 제품

피스타치오 타르트 ピスターシュエ オタルト (￥550)

사브레 반죽에 고소한 아몬드 크림을 가득 올려 구운 뒤 위에 버찌잼을 깔고 산뜻한 연둣빛의 피스타치오 무스와 키리슈(체리로 만든 리큐르)를 넣은 생크림으로 마무리한 타르트다. 피스타치오의 고소함과 체리, 버찌 등 베리류의 새콤함이 잘 어우러진 타르트다.

테아토루 テアトル (￥550)

아몬드 프랄린 위에 비터초콜릿과 밀크초콜릿을 섞은 무스를 올린 독특한 초콜릿케이크. 프랑스 파리 오페라극장의 모양을 본떠 만들었다고 한다.

캐러멜 프아르 キャラメル ポワール (￥500)

투명한 유리잔에 서양배로 만든 쥬레를 넣어 굳힌 뒤, 같은 재료로 만든 서양배 무스 안에 배 과육을 적당한 크기로 잘라 넣어 올린 푸딩 계열의 디저트다. 맨 위에는 달콤한 캐러멜 무스를 올리고, 금박으로 심플한 장식을 주어 완성했다.

로아시스 ロアジス (￥520)

촉촉하고 부드러운 비스퀴 조콩드를 마스카르포네 치즈로 만든 오렌지 치즈크림으로 감싼 뒤, 오렌지 쥬레를 올린 치즈케이크. 오렌지의 상큼한 맛을 끝까지 유지시키기 위해 오렌지 풍미의 화이트초콜릿으로 장식한 디테일이 감동적이다.

파티스리 타다시 야나기

최고의 초콜릿 무스케이크를
맛보고 싶다면

내가 처음 파티스리 타다시 야나기를 알게 된 것은 동경제과학교 1학년 때 만난 한국인 조교 선생님을 통해서다. 동경제과학교에서는 성적과 출석률 등 일정 자격 조건만 맞으면 학교에 남아 조교로도 근무할 수 있다. 쉽게 말하자면 공부했던 학교에 선생님으로 취업을 하게 되는 것이다.

    재미있게도 동경제과학교에는 학생과 선생님이 학교 이외의 장소에서 사적으로 만나면 안 된다는 교칙이 있었다. 하지만 암암리에 우리 반의 한국 유학생들과 그 선생님은 가까운 친분을 쌓아갔다. 2학년이 되면서 다들 반이 나뉘게 되고 선생님은 1학년 담임선생님으로 그대로 남게 되었을 때에도 선생님과 우리 동기들은 가끔씩 만나 커피 한 잔과 함께 고민상담을 할 정도로 막역한 사이로 지냈다. 타지에서 만나는 한국인이었기에 서로가 더욱 각별했던 것 같다. 2학년이 되고 스위츠숍들을 본격적으로 돌아다닐 무렵 그 조교 선생님께서는 파티스리 타다시 야나기를 꼭 한번 찾아가보라며 소개해주셨다.

    워낙 따르던 선생님의 조언이었던 터라 파티스리 타다시 야나기의 도쿄 지점이 없었던 당시, 가나가와 현의 에비나 시에 위치한 본점까지 열심히 찾아갔던 기억이 난다. 에비나 시까지 가는 데에는 도쿄 신주쿠에서

　오다큐선을 타고 1시간 이상 걸렸다. 부산을 떨며 이른 시간에 갔던 탓에 당시 가게 점원은 동그랗게 놀란 눈을 하고 우리를 맞아주었다. 돌이켜보면 슬슬 가게를 오픈하려고 쇼케이스에 케이크를 채워 넣으려는데 웬 한국 아이들 여러 명이 떠들썩거리면서 가게 안으로 떼를 지어 들어갔으니 점원이 놀랄 만도 했다는 생각이 든다.

　하지만 점원의 놀란 기색에도 개의치 않고 미래의 파티시에들은 그 좁은 가게 안을 구석구석 들여다보느라 정신이 없었다. 그런 의욕과 부산스러움이 정겨웠는지 놀라서 우리를 쳐다보던 점원은 케이크 몇 가지를 추천해주었고, 급기야 타다시 야나기 셰프가 안에 계시니 만나고 가라며 자리까지 마련해주었던 기억이 난다. 동경제과학교에 제과제빵을 배우러 온 우리들에게 유명 파티시에를 직접 만날 수 있는 기회는 마다할 이유가 없는 행복한 경험이었다.

　타다시 야나기 셰프는 매우 온화한 분이었다. 그 성품이 그가 만드는 케이크에도 스몄는지 파티스리 타다시 야나기의 초콜릿 무스케이크는 어느 한 군데 모나지 않은 부드럽고 가벼운 맛이었다. 진한 초콜릿 맛을 좋아하지 않던 내 입맛에도 폭신하게 입안을 감싸는 초콜릿 무스의 맛은 몹시 인상적이었다. 과일과 치즈를 사용한 케이크들도 자칫하면 부담스럽게 달고 느끼할 수 있는데, 아무리 먹어도 물리지 않을 정도로 순박하고 보드라운 맛만 느껴졌다.

　도쿄에서 에비나 시까지는 자주 오고 가기엔 거리가 너무 멀어서 그때 이후로는 다시 시간을 내서 파티스리 타다시 야나기를 가지 못했다. 그런데 나중에 취재를 위해 정보를 알아보니 파티스리 타다시 야나기가 2005년 가을, 도쿄 지유가오카 근처의 야쿠모八雲에 새로운 지점을 오픈했다는 소식을 접할 수 있었다. 파티스리 타다시 야나기 야쿠모 지점을 가는 방법은 쉽다. 시부야에서 도큐도요코선을 타고 도리쓰다이가쿠道立大學역에서 내린 다음 메구로目黑 거리를 따라 약 8분쯤 걸어 올라가면 깔끔한 흰색 건물을 찾을 수 있다. 큼지막하게 'YANAGI'라고 쓰인 건물을 발견하는 건 어렵지 않다. 내가 파티스리 타다시 야나기를 방문한 날에는 안타깝게도 타다시 야나기 셰프가 자리를 비운 날이었다. 그는 나를 기억하지 못하겠지만 나로서는 몇 년 만의 반가운 해후였기 때문에 은근히 기대를 했던 만큼 많이 아쉬웠다.

파티스리 타다시 야나기는 초콜릿케이크로 유명하다. 각기 다른 서너 가지 크림으로 만들어진 초콜릿 무스케이크는 각 재료의 고유의 맛이 살아 있는 동시에 그 조화로움이 아름답다. 초콜릿은 자칫하면 단맛이나 쓴맛이 강해 입안을 얼얼하게 만들 때가 있는데, 파티스리 타다시 야나기의 초콜릿 맛은 그저 부드러움의 극한이라고밖에 설명할 수 없다.

다만 아쉬운 점이 있다면 가게 내부에 카페 공간이 따로 없어 차와 함께 그 자리에서 케이크를 먹기는 어렵다는 점이다. 하지만 그런 불편함을 감수하고 이곳의 스위츠를 즐기는 고객들이 넘쳐난다. 그건 아마도 맛도 맛이지만 부드러움이 무엇인지 알고 있는 타다시 야나기 셰프의 섬세한 배려와 따뜻한 마음 때문이 아닐까.

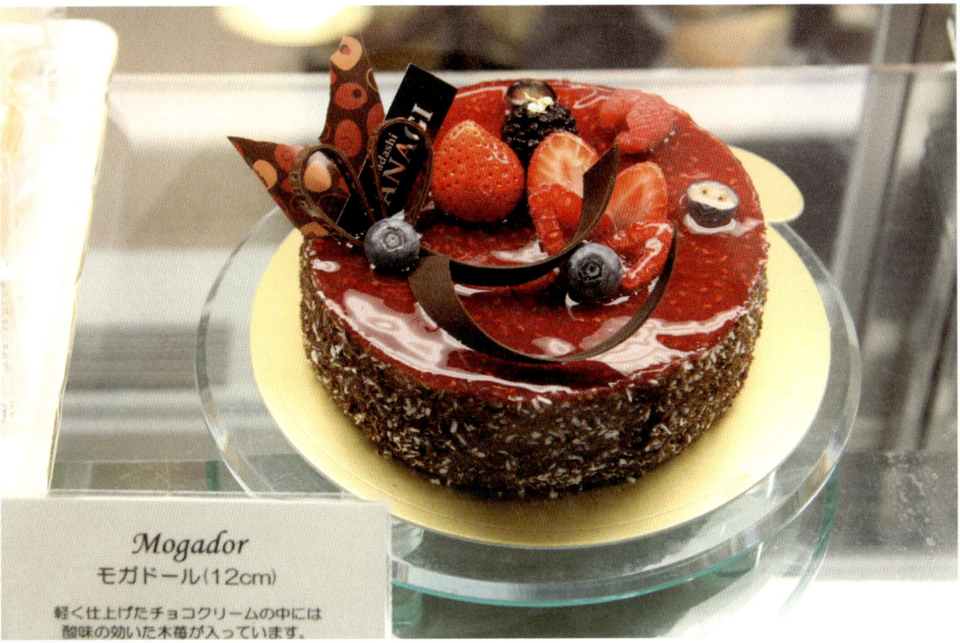

Mogador
モガドール(12cm)

軽く仕上げたチョコクリームの中には
酸味の効いた木苺が入っています。

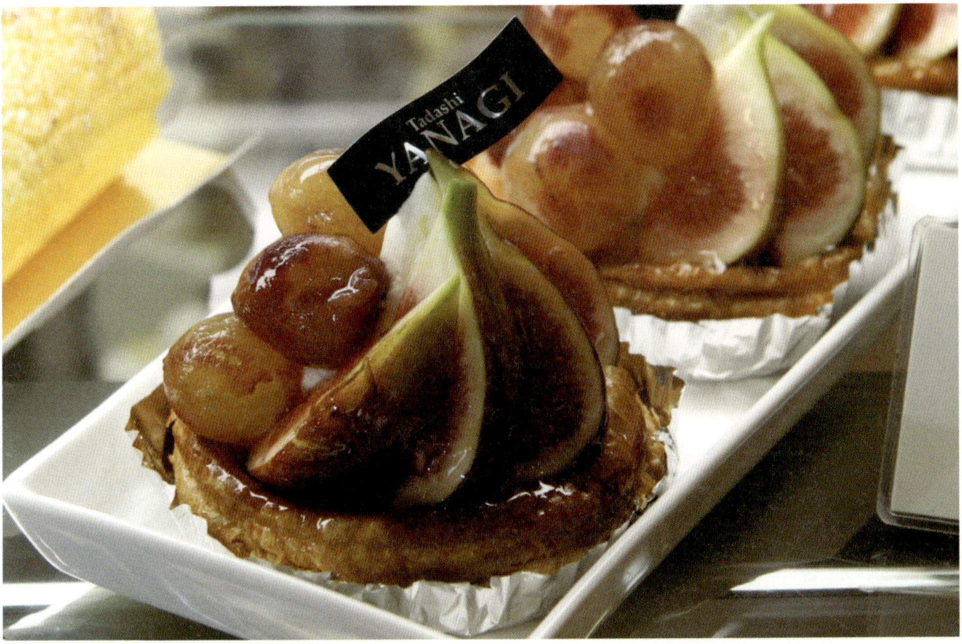

1 가게 벽면에 걸려 있는 프랑스 제과학교 수료증과 제과대회 수상 사진들.
2 진열대 한쪽에는 타다시 야나기 셰프가 집필한 레시피북이 진열되어 있다.
3 파티스리 타다시 야나기의 구움과자.

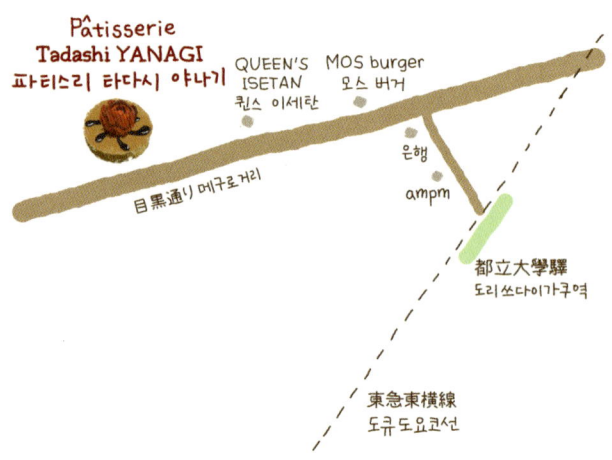

주소 東京都目黒区八雲 2-8-11
전화 03-5731-9477
영업 오전 10시~오후 7시
휴일 매주 수요일, 매년 1월 4~8일
위치 도큐도요코선 도리쓰다이가쿠역에서 하차, 메구로 거리를 따라 도보로 8분
홈페이지 http://grand-patissier.info/TadashiYanagi

파티스리 타다시 야나기의 베스트 제품

주피터 ジュピター (￥493)

파티스리 타다시 야나기의 간판 제품으로 묵직하게 생긴 첫인상과는 달리 부드러운 초콜릿무스 안에 은은한 얼 그레이 크림 브륄레와 초콜릿 스폰지케이크가 들어 있어 초콜릿케이크를 좋아하지 않는 사람도 부담 없이 즐길 수 있는 케이크다.

디아블루 엑조틱 ディアブル エキゾチック (￥472)

초콜릿 스펀지케이크를 바탕으로, 바나나, 패션후르츠, 망고, 파인애플 등의 과일을 쥬레나 크림으로 만들어 속을 채웠다. 그리고 다크초콜릿 무스로 덮어주어 과일 재료들의 산미를 초콜릿의 달콤함으로 감싸주었다.

르 쇼콜라 그랑크뤼
ル・ショコラ グランクリュ (￥525)

진한 바닐라 크림과 프랑부아즈 쥬레로 속을 채운 뒤 카카오 70%의 초콜릿 무스로 감싸준 초콜릿케이크다. 초콜릿케이크 시트 안에는 아몬드 등의 견과류를 넣어 고소한 식감을 더했다.

델리스 피스타슈 デリス ピスターシュ (￥472)

진한 카카오 향이 인상적인 초콜릿 스펀지케이크를 바닥에 깔고 그 위에 부드러운 프랄린 크림을 올렸다. 그다음 촉촉한 스펀지케이크를 올리고 마지막으로 피스타치오 크림으로 마무리한 4단 케이크다. 가장 위에는 종류가 각각 다른 네 가지 견과류를 설탕 코팅하여 올려 자칫 밋밋할 수 있는 케이크 모양에 포인트를 주었다.

듀 파티스리 카페

귀여운 프티 가토들이 가득한
디저트 카페

파티스리 타다시 야나기로 취재를 가는 도중 모던한 꾸밈새의 파티스리가 한눈에 들어왔다. 하지만 그때는 워낙 가던 길이 바빠 그냥 지나치고 말았다. 그런데 첫 번째 취재를 정리하며 두 번째 취재를 준비하던 중 그곳이 새롭게 떠오르는 '핫'한 디저트 카페라는 사실을 알게 되었다. 섭외를 위해 전화 연락을 했을 때 수화기 너머로 들려오는 오너 셰프의 말투는 짧고 간결해서 무심결에 보았던 가게의 외관처럼 깔끔하지만 딱 떨어지는 성격을 가진 셰프일 것 같다는 생각이 들었던 곳, 듀 파티스리 카페.

두 번째 보았을 때도 역시나 듀 파티스리 카페는 심플하고 모던한 카페라는 생각이 들었다. 첫인상은 쉽게 바뀌지 않는 법이니까. 하지만 처음 보았을 때는 보지 못했던 연한 핑크빛을 띠는 둥그스름한 가게 간판을 보자 딱 부러지는 얼굴 너머에 숨겨진 부드러움이 느껴졌다.

2007년 12월에 오픈한 듀 파티스리 카페는 고급 슈퍼마켓과 음식점들이 늘어서 있는 메구로 거리에 있다. 이곳의 오너 셰프는 프랑스에서 유학한 뒤 일본으로 돌아와 지바千葉 현에 위치한 살롱 드 테 피에르 에르메 Salon de the Pierre Herme에서 수셰프를 역임한 스가마타 료스케 셰프다. 아버지는 파티시에, 형은 요리사, 친척 중 한 분은 블랑제 boulanger. 빵을 만드

는 사람로 활동하고 있는 집안의 혈통을 이어 그 역시 파티시에로서 두각을 나타냈다.

스가마타 료스케 셰프는 파티시에의 삶이 생각만큼 달콤하고 낭만적이기만 한 직업이 아니라는 것을 가까운 거리에서 지켜봤음에도 불구하고, 맛있는 케이크를 만들어 다른 사람들에게 주는 기쁨이 무엇인지 알기 때문에 파티시에의 길을 망설임 없이 선택했다고 한다. 그는 파리에서 공부를 마친 뒤에도 노르망디, 로느 알프스, 알자스 등지에서 3년간 파티시에가 되기 위해 연수를 했다고 한다.

이후 도쿄에 자리를 잡고 프랑스 전통과자를 굽는 기술에 본인만의 현대적인 해석을 담은 스위츠를 선보이고 있다. 일본에서는 구할 수 없는 프랑스 식재료들을 대체하는 방법을 찾거나, 같은 재료를 사용하더라도 일본인들의 입맛에 맞게 변형을 하는 식이다.

프랑스 알자스 지방에서 일을 하면서 구겔호프gugelhopf. 프랑스 알자스 지방의 명과로 버터와 달걀을 많이 넣어 부드럽고 달콤한 프랑스 빵인 브리오슈를 구겔호프 틀에 넣어 구운 과자를 인상적으로 먹었던 기억을 떠올리고는 그 맛을 기억해 듀 파티스리 카페에서도 선보이는 식이다. 그의 제빵철학은 현지에서 맛본 디저트들을 그대로 재현해내는 것을 넘어서서 현지화를 위해 다양한 시도를 해야 한다는 것이다. 프랑스식 구겔호프도 촉촉한 식감을 좋아하는 일본인들의 취향을 고려해 우유의 첨가율을 높여 촉촉함을 더욱 보강해 좋은 반응을 얻었다고 한다.

프랑스의 여러 지역에서 경력을 쌓은 스가마타 료스케 셰프의 이력 덕

분에 듀 파티스리 카페의 케이크는 종류가 매우 다양하다. 그 다양함의 매력은 듀 파티스리 카페의 쇼케이스를 보면 충분히 알 수 있다. 약 180센티미터 길이의 쇼케이스 안에는 셰프 자신이 소년 시절부터 좋아했다는 롤케이크, 프랑스 전통과자, 개성 넘치는 디자인의 프티 가토 petit gâteaux. 작은 과자라는 뜻 등 화려하고 풍성한 아이템들이 늘어서 있다. 타르트, 치즈케이크, 초콜릿케이크, 유리잔에 화려하게 담긴 디저트 등 기본적인 디저트 종류도 충분히 갖춰 놓아 손님들에게 충분한 선택의 권한을 누릴 수 있게 배려하고 있다.

다양한 종류의 디저트는 듀 파티스리 카페 한쪽에 있는 살롱에서 커피, 홍차와 같은 음료들과 함께 먹을 수 있다. 듀 파티스리 카페의 음료 가격은 보통 500~700엔 사이로 한국과 크게 차이가 나지 않는다. 좀 더 기분을 내고 싶다면 알코올음료도 주문이 가능하다.

듀 파티스리 카페에서 내 눈길을 끌었던 것들은 아기자기한 프티 가토들이었다. 특히 붉은 루바브와 딸기 쥬레로 만든 마카롱에 치즈 크림을 바르고 큼직한 딸기와 블루베리를 넣은 마티리테 maturité. 프랑스어로 '무르익다'라는 뜻 이름처럼 속이 꽉 찬 디저트로 깊은 인상이 남겼다.

인터뷰를 마치고 스가마타 료스케 셰프를 촬영하기 위해 포즈를 요청하자 그는 눈이 보이지 않을 정도로 환한 웃음을 날려주었다. 그 모습이 마치 모던한 쇼케이스 안에 깔끔하게 늘어서 있긴 하지만 그 맛은 정말 부드러운 슈크림 혹은 푸딩처럼 느껴졌다. 가게는 역시 주인을 닮는다는 생각이 다시 한 번 들었다.

1 모던한 외관이 인상적인 듀 파티스리 카페의 모습.
2 알록달록한 마카롱이 맛보기 전부터 군침을 돌게 한다.
3 듀 파티스리 카페의 구움과자들.
4 듀 파티스리 카페에서는 브런치 메뉴로 키시(¥450)도 팔고 있다.

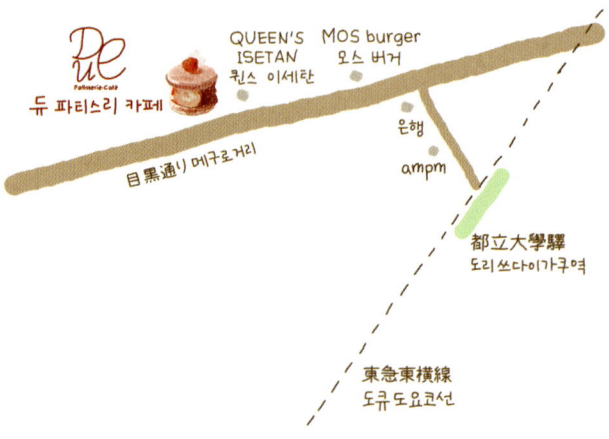

주소 東京都目黒区八雲 1-12-8
전화 03-5731-5812
영업 오전 10시~오후 8시 (카페는 오후 7시까지)
휴일 매주 월요일
위치 도큐도요코선 도리쓰다이가쿠역에서 하차
　　　메구로 거리를 따라 도보로 5분. 파티스리 타다시 야나기 옆
홈페이지 http://deux-tokyo.com

듀 파티스리 카페의 베스트 제품

마티리테 マチュリテ (￥520)

딸기와 루바브로 만든 쥬레와 치즈 크림을 마카롱 코크 사이에 넣어 만든 베리 마카롱이다. 산뜻한 풍미의 치즈 크림과 신선한 과일 쥬레의 조화가 인상적인 디저트다.

스와이유 スワイユ (￥520)

바삭한 아몬드가 들어 있는 머랭 위에 그레이트 체리와 블랙베리 쥬레, 그리오트(버찌류) 과육, 초콜릿 크림을 올리고 버터 크림, 커스터드 크림, 피스타치오 무스를 바른 무스케이크다.

타르트 오 테 タルト・オ・テ (￥500)

기본 타르트 반죽 위에 얼 그레이 풍미의 비스퀴, 밀크초콜릿 가나슈, 홍차 바바로아를 올린 뒤 홍차 글라사주(과자 표면에 윤기를 내는 액체형 젤리)로 코팅해 로열 밀크티의 은은함이 살아 있는 타르트다.

타르트 쇼콜라 캐러멜 살레
タルト・ショコラ・キャラメル・サレ (￥500)

바삭하고 고소한 사브레 반죽 위에 아몬드 크림 필링을 넣어 구운 뒤 초콜릿 무스를 올린 심플한 디저트다. 소량의 소금을 넣어 단맛을 더욱 강조한 캐러멜 소스와 견과류를 더해 초콜릿 무스의 달콤한 맛 사이로 고소함도 느낄 수 있는 타르트다.

파티스리 포타제

몸도 마음도 건강해지는
야채로 만든 '착한' 스위츠

야채로 만든 케이크를 먹어본 적이 있는가? 취재를 위해 자료를 검색하던 중 일본 최초의 유기농 야채 스위츠 전문점이 있다는 사실을 알게 됐다. 이름 하여 파티스리 포타제. '포타제'는 프랑스어로 '야채, 텃밭'이라는 뜻이다. 몸과 마음을 건강하게 해주는 웰빙 스위츠, 야채로 만든 디저트는 과연 어떤 맛일까? 일본 최초의 야채 스위츠 전문점이라니 그 맛이 기대되고 궁금해졌다.

이 새로운 개념의 스위츠숍을 운영하는 오너 셰프는 나오노리 카키사와 셰프다. 그녀는 대학에서 프랑스어를 전공한 뒤 프랑스 요리에 대한 관심을 갖게 되어 현지에서 요리학교를 다녔고, 졸업 후에는 유명 파티스리와 레스토랑에서 근무한 정통 프랑스 유학파 셰프다. 그녀는 단지 맛있기만 한 음식이 아니라 먹을수록 건강해지는 음식을 만드는 셰프가 되고 싶었다고 한다.

특히 「프랑스 문학에 나타나는 식食의 묘사」라는 주제로 졸업논문을 쓰면서 먹는 것이 얼마나 중요한 행위인지 깨닫게 되었다고 한다. 그래서 프랑스 유학을 마치고 일본으로 귀국한 2003년에 도쿄 근교의 도치기栃木 현에 '오가닉 베지카페 이누이'라는 오가닉 레스토랑을 오픈한다. 이후 좀

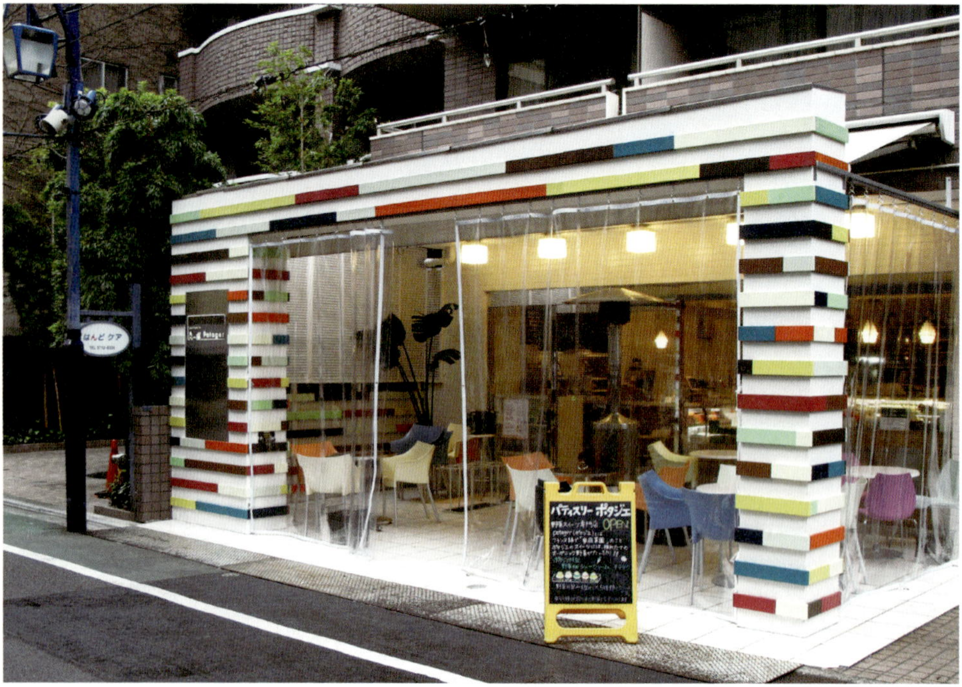
パティスリー ポタジエ
OPEN

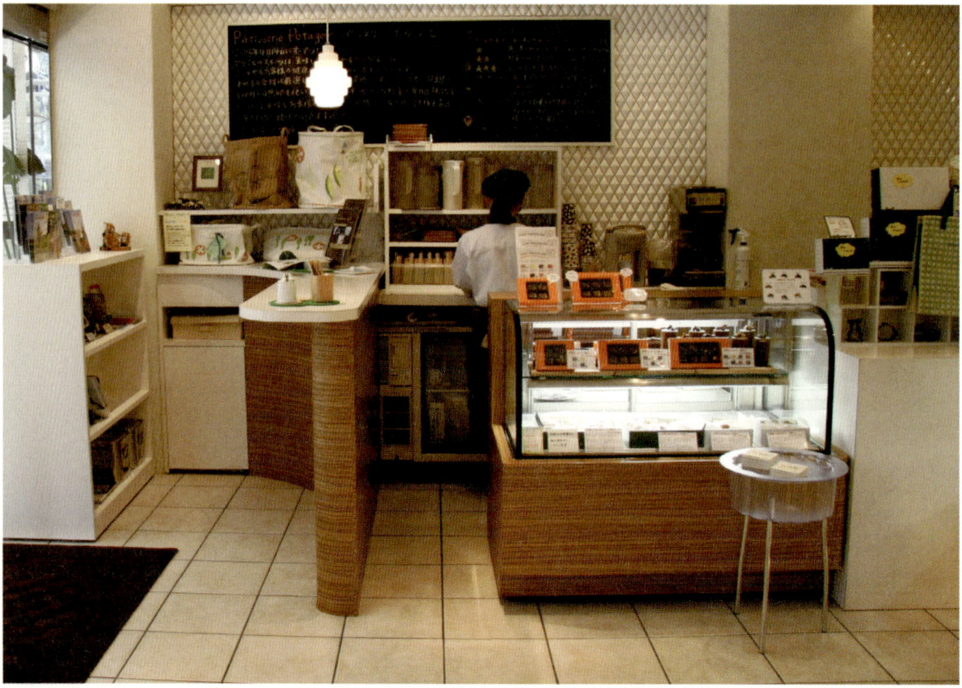
Patisserie Potager

더 많은 사람들에게 야채의 중요함과 참맛을 알리기 위해 2006년에는 도쿄 나카메구로中目黒에 일본 최초의 야채 스위츠 전문점 파티스리 포타제를 오픈한다.

파티스리 포타제에서는 토마토 롤케이크, 당근 치즈케이크, 옥수수 밀푀유, 루콜라 젤리 등 일본에서 생산된 유기농 야채를 사용해 만든 '베지 스위츠vege sweets'를 판매한다. 처음에는 다이어트에 관심이 많은 여성들을 중심으로 입소문이 나기 시작했는데 요즘은 건강을 생각하는 남성 고객들은 물론이고 야채를 좋아하지 않는 어린아이들까지 남녀노소가 모두 즐겨 찾는 스위츠숍이 되었다.

나는 파티스리 포타제에서 그린 쇼트 토마토와 캐럿 초코 블랑을 인상적으로 먹었다. 그린 쇼트 토마토는 파티스리 포타제가 오픈한 이래 꾸준히 인기를 얻고 있는 스테디셀러다. 녹차로 만든 그린 스펀지케이크 시트 사이에 가벼운 맛의 생크림과 얇게 저민 방울토마토를 올린 토마토 생크림케이크인 그린 쇼트 토마토는 생크림케이크 특유의 느끼함 대신 방울토마토의 신선함이 입에 남는 건강한 케이크다.

캐럿 초코 블랑은 어울리지 않을 것 같은 당근과 초콜릿이란 두 가지 재료를 망고 잼을 이용해 조화롭게 만든 화이트초콜릿 타르트다. 단호박으로 만든 가보차 시폰케이크의 촉촉함도 빼놓을 수 없다.

파티스리 포타제는 파스텔톤의 깜찍한 의자와 흰색 테이블로 인테리어를 연출해 심플하지만 아기자기함이 돋보이는 곳이다. 파티스리 포타제의 쇼케이스 안에는 모양은 심플하지만 야채들의 특성을 잘 살린 케이크들

이 손님을 맞을 준비를 하고 있다. 파티스리 포타제에서는 야채, 설탕, 계란 등 디저트를 만들 때 사용하는 재료를 모두 일본에서 생산한 유기농 제품만을 고집하며 사용하고 있다. 일본 각지에서 생산된 국산 야채, 비료와 농약 사용을 최소화한 야채만을 사용하는 것이다.

스위츠를 만들 때 빼놓을 수 없는 재료인 설탕도 일반적으로 쓰이는 상백당(백설탕)이 아니라 홋카이도에서 생산된 사탕무로 만들어진 첨채당을 사용해 깔끔한 끝 맛을 낸다. 건강과 아주 밀접한 관계가 있는 음식이라면 단지 혀끝을 자극하는 데에서 그치는 것이 아니라 먹는 사람이 믿고 안전하게 먹을 수 있으며, 건강까지 지켜줄 수 있어야 한다는 오너 셰프의 철학이 확고하기 때문에 재료 선택이 까다로운 것은 당연한 일이 아닐까.

모든 것이 빠른 속도로 변화하는 요즘, 사람들의 입맛도 예전보다 자극적인 맛에 길들여진 듯하다. 이럴 때일수록 건강을 지켜줄 수 있는 야채로 건강한 스위츠를 만든다는 파티스리 포타제의 철학은 더욱 빛을 발하는 것 같다. 또한 이런 셰프의 노력을 알아주는 착하고 현명한 고객들이 있어서 파티스리 포타제의 아기자기한 공간이 더욱 의미 있게 느껴지는 것은 아닐까 싶었다.

1 방울 토마토 하나도 깨끗하게 닦는 정성스러운 손길.
2 유기농 토마토로 만든 토마토 100% 잼. 태그와 스티커 모두 귀여움으로 가득하다.
3 파티스리 포타제에서는 아이들을 위한 채소 웨하스(Potager for Baby)도 판매한다.

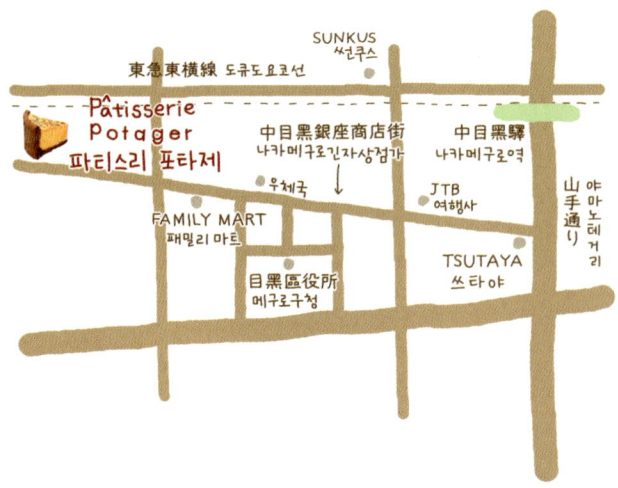

주소 東京都目黒区目上黒 2-44-9
전화 03-6279-7753
영업 오전 10시~오후 8시
휴일 연중무휴
위치 도큐도요코선 나카메구로역에서 도보로 5분
홈페이지 http://www.potager.co.jp

파티스리 포타제의 베스트 제품

그린 쇼트 토마토
グリーン ショート・トマト (￥450)
파티스리 포타제의 대표적인 스테디셀러다. 녹차로 만든 촉촉한 스펀지케이크 시트에 홋카이도산 첨채당을 넣어 만든 깔끔한 생크림을 발라 층층이 얹어 완성한 쇼트케이크다. 여기에 산지에서 매일 공수되는 신선한 방울토마토를 올려 하얀 생크림 쇼트케이크의 밋밋함에 포인트를 주었다.

캐럿 초코 블랑 キャロットチョコブラン (￥480)
코코아 풍미의 타르트 위에 당근과 망고를 갈아 만든 잼과 화이트초콜릿을 으깨어 섞은 당근 무스를 올린 독특한 초콜릿 타르트다. 짤주머니로 생크림 한 조각을 짜서 올린 것 이외에 별다른 장식은 없는 심플한 모양이지만, 당근 특유의 식감과 고소한 맛이 살아 있는 유기농 야채 타르트다.

가보차 시폰케이크 カボチャ シフォン (￥470)
단호박의 고소하면서 특유의 달콤함을 잘 이끌어내어 만든 폭신폭신한 시폰케이크다. 가보차는 일본어로 단호박이라는 뜻이다. 겉에는 홋카이도산 첨채당을 넣어 만든 담백한 생크림을 바르고, 그 위에 시폰케이크 가루를 뿌려 장식했다.

sweets shop in Tokyo 3

{ 아기자기한
도쿄 시내의 스위츠숍 }

애니버서리

당신의 기념일을
더욱 특별하게 만들어줄 사랑스러운 케이크

동경제과학교에 입학한 뒤 나는 마음 맞는 친구들과 주말마다 도쿄 시내의 유명한 스위츠숍을 돌아다니기로 했다. 그리고 친구들과 약속을 한 뒤 근처 서점에서 케이크 사진이 잘 나온 스위츠숍 가이드북을 한 권 구입했다. 그 책에 실린 수많은 가게와 케이크를 보고 설레던 마음이 아직도 생생하다. 책에 실린 케이크 중 특히 나의 심장을 콩닥콩닥 뛰게 만들었던 것은 애니버서리의 레어 치즈케이크였다. 치즈케이크를 생크림으로 얇게 감싼 뒤 그 위에 베이비핑크색의 작은 장미로 장식한 모습은 예비 파티시에라면 한눈에 반하지 않을 수 없을 만큼 깜찍했다.

그렇게 마음속으로 꼭 찜해둔 애니버서리에 가게 된 것은 달짝지근한 무언가가 너무 먹고 싶었던 어느 날이었다. 애니버서리는 고급 부티크와 상점들이 모여 있는 도쿄 미나토 구의 아오야마에 있다. 나는 왠지 모를 울적하고 답답한 마음을 달래기 위해 휘황찬란한 아오야마 거리를 천천히 걸으며 애니버서리로 향했다. 가이드북이 알려주는 대로 복잡한 대로를 지나 조그마한 길가로 들어가 콘크리트 건물 옆의 어두운 조명을 따라 길을 걸어갔다. 그런데 갑자기 눈이 번쩍 뜨일 만큼 따스한 불빛이 쏟아지는 쇼윈도가 보였다. 쇼윈도를 따라 진열되어 있는 화려하고 깜찍한 슈가

デコレーションケーキ 12cm
¥2,887 (税込)
記念日のお祝いに。
こちらのケーキで4～6名様ぐらいの
お召し上がりになります

プチデコレーション
¥1,732 (税込)
特別な日のプレゼントや
2人だけのお祝いにいかがですか
小麦・卵・乳

크래프트 sugarcraft 작품들과 웨딩케이크들을 보니 틀리지 않고 잘 찾아온 모양이었다.

애니버서리에는 소중한 사람과 기념일을 함께할 케이크와 과자 들이 가득하다. 애니버서리의 케이크는 어린아이들의 마음을 단번에 휘어잡을 듯한 깜찍한 동물 모양의 케이크를 비롯해, 먹기 아까울 정도로 디자인이 화려하고 독특한 케이크들이 많다. 네잎클로버 모양의 파운드케이크는 행복을 선물하고 싶은 마음을 전할 때 딱 들어맞는 아이템이고 동물이나 꽃을 모티브로 직원들이 하나하나 손으로 아이싱 icing. 케이크 겉면에 계란흰자와 설탕으로 만든 당의를 덧바르는 것 해서 만든 아이싱 쿠키도 먹음직스럽다.

애니버서리의 혼바시 마사토 오너 셰프는 많은 파티시에들이 일본의 유명 파티스리에서 수련을 한 뒤 프랑스로 건너가는 일반적인 진로와는 달리 영국으로 유학을 갔다고 한다. 그곳에서 그는 슈가 크래프트를 집중적으로 공부하고 일본으로 돌아와 1990년 아오야마에 애니버서리를 오픈한다. 가게의 이름을 '애니버서리'로 지은 이유는 모든 기념일 하나하나를 소중히 생각하는 마음으로 세상에서 단 하나뿐인 케이크를 만들고 싶었기 때문이라고 한다. 그런 마음 때문인지 평범한 케이크도 혼바시 셰프의 손을 거치면 꽃들이 만개하는 화려한 케이크나 어린아이들이 좋아하는 귀여운 케이크로 변신한다.

애니버서리는 혼바시 셰프의 특기인 슈가 크래프트 기술이 돋보이는 스위츠숍이다. 슈가 크래프트는 슈가파우더에 젤라틴을 섞어 케이크 장식품을 만드는 공예다. 영국 왕실에서 생일이나 결혼식 등을 축하하고 기념

하는 장식품을 만들기 위해 시작된 공예인데 현재는 영국뿐만 아니라 남아공, 미국, 호주, 일본 등 각지에 퍼져 하나의 예술 작품을 만들기에 손색없는 기술로 인정받고 있다.

현재 애니버서리는 아오야마 본점을 비롯해 신주쿠와 저 멀리 삿포로 札幌에도 지점을 갖고 있다. 해외로도 진출해 미국에서는 'Satura'라는 이름으로 하와이, 플로리다, LA 등에 지점을 냈다. 국제적으로도 이름이 난 곳이니 일본 여행을 하는 중에 말이 통하지 않더라도 가벼운 마음으로 한 번쯤은 애니버서리에 꼭 들러보기를 권한다. 애니버서리에 들르는 그 날이 바로 여러분들에게는 작지만 특별한 기념일이 될 테니 말이다.

1 입구에 들어서면 쿠키, 마시멜로, 구움과자 등이 보기 좋게 진열되어 있다.
2 '우리들의 소중한 날을 위해(Precious time for us)'라는 문구가 인상적이다.
3 애니버서리의 주요 제품인 웨딩케이크를 작은 사이즈로도 만들어 판매하고 있다.
4 간식으로 제격인 밀크러스크. 스티커의 소녀 캐릭터가 앙증맞다.

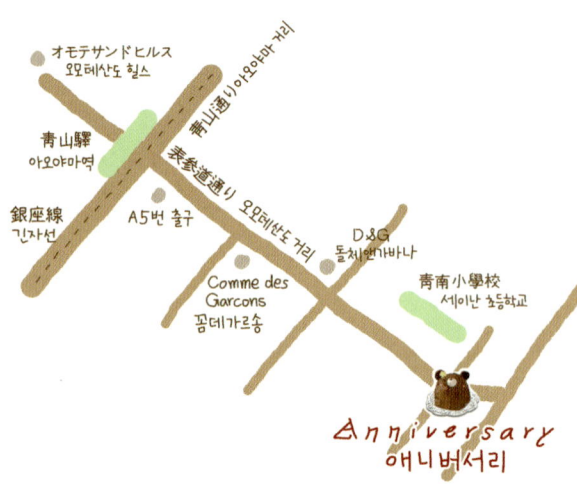

주소 東京都港区南青山 6-1-3 コレッツィオーネ 1F
전화 03-3797-7894
영업 오전 11시~오후 7시
휴일 매주 월요일 (단, 월요일이 공휴일인 경우에는 다음날인 화요일이 휴무)
위치 도쿄메트로 긴자선 아오야마역 A5번 출구로 나와 오모테산도 거리를 직진, 도보로 5분
　　　세이난 초등학교 맞은편
홈페이지 www.anniversary-web.co.jp

애니버서리의 베스트 제품

노스 쇼콜라 *ノースショコラ* (￥525)
폭신폭신한 초콜릿 스펀지케이크에 부드럽고 가벼운 생초콜릿 크림을 바르고 블루베리, 라즈베리, 체리 등 베리류의 과일을 듬뿍 사용하여 장식한 초콜릿케이크다.

핑크 쇼트케이크 *ピンクのショ-トケ"-キ* (￥630)
딸기 크림을 사용한 쇼트케이크로 애니버서리에서 만든 제품답게 딸기, 라즈베리, 슈가 크래프트 장식 등을 사용한 화려한 데코레이션이 눈길을 끄는 사랑스러운 케이크다.

레어 치즈케이크 *レーアチズケーキ* (￥399)
부드러운 스펀지케이크 위에 덴마크산 크림치즈를 듬뿍 올려 크림치즈 특유의 산미가 강한 케이크다. 크림치즈 위에는 생크림을 얇게 덧바른 뒤 앙증맞게 장미 장식을 올려 멋을 더했다.

애니멀 케이크 곰 *アニマルケ-キクマ* (￥735)
귀여운 아기 곰 얼굴을 한 초콜릿케이크다. 생초콜릿 크림을 바른 케이크 안에 딸기를 넣어 단맛에 새콤함을 더했다. 애니멀 케이크는 초콜릿 크림 외에 딸기 크림을 사용하여 토끼, 병아리, 돼지 모양 등도 만들어 아이들에게 특히 인기라고 한다.

르 코프레 드 쾨르

LE COFFRET DE CŒUR

당신에게 선물하고픈
따뜻한 구움과자

일본의 다양한 파티스리와 쇼콜라티에 들을 취재하면서 좋았던 점은 다양한 스위츠들을 제대로 맛볼 수 있었다는 것과 맛있는 케이크를 만들어 낸 유명 셰프들을 직접 만나 그들의 이야기를 들을 수 있었던 것이다. 하지만 무엇보다도 마음을 두근거리게 한 것은 일본을 떠나 있던 5년이라는 시간 동안 새롭게 생긴 스위츠숍들을 가볼 수 있었던 것이다. 새롭게 발굴한 곳 중 도쿄 미나토 구에서 제일 인상적이었던 곳은 르 코프레 드 쾨르라는 구움과자 전문점이다.

르 코프레 드 쾨르에 가는 방법은 쉽다. 도쿄메트로 난보쿠선을 타고 시로카네타카나와白金高輪역에서 에비스惠比壽로 향하는 한적한 주택가를 따라 10분쯤 걸어올라가면 맨션 건물 1층에 위치한 르 코프레 드 쾨르를 발견할 수 있다. 가게 안으로 첫발을 내딛자 철과 목재를 과감하게 사용해 디자인한 앤틱하면서도 세련된 분위기의 인테리어가 눈길을 끌었다.

발걸음을 옮겨 안으로 깊숙이 들어가니 화려한 모양의 파운드케이크들이 진열되어 있었다. 진열대에는 파운드케이크만 있는 것이 아니다. 계절에 맞는 다양한 재료를 사용하여 만든 스콘과 키시, 타르트 들이 진열되어 있었다. 쇼케이스를 지나 짙은 회색벽을 따라 아래로 내려가면 작고

아담한 카페도 있어 케이크와 함께 다양한 종류의 홍차도 즐길 수 있다.

르 코프레 드 쾨르의 파티시에 이와야나기 아사코 셰프는 원래 직물염색을 공부했는데 개인전을 열면서 지인들에게 선물했던 구움과자가 호평을 받자 파티시에가 되기로 결심했다고 한다. 현재 이와야나기 셰프는 쌀과 야채를 사용한 건강에 좋은 상품을 구상하고 있다고 했다. 본점에서는 직접 베이킹 교실도 운영하며 고객들과 활발한 소통을 통해 참신한 아이디어를 얻는다고 한다.

르 코프레 드 쾨르는 구움과자 전문점을 표방하는 만큼 매일 아침 갓 구워져 나오는 스콘, 키시 등이 인기다. 고객들의 건강을 생각해 밀가루가 아닌 쌀가루를 이용해서 만드는 쇼트케이크도 인상적이었다. 르 코프레 드 쾨르의 쇼트케이크들은 생크림 위에 계절과일들과 채소들을 가득 올려 푸짐한 느낌과 부족함 없는 맛을 연출한다.

한국에 다시 돌아와 원고를 정리하기 위해 르 코프레 드 쾨르의 홈페이지에 들어갔다가 기치조지吉祥寺 지점도 새롭게 문을 연 사실을 알게 되었다. 무리하게 확장을 하는 것이 아니라 2~3년 주기로 조금씩 영역을 넓혀가는 이와야나기 셰프를 보며 조용하지만 강한 추진력이란 무엇인지 어렴풋이 느낄 수 있었다.

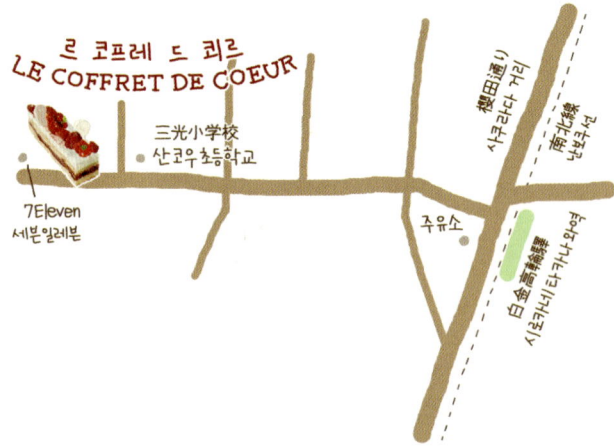

주소 東京都港区白 l3-17-18-1F
전화 03-5422-8707
영업 오전 11시~오후 8시
휴일 매주 월요일
위치 도쿄메트로 난보쿠선 시로카네타카나와역 3번 출구에서 도보로 8분
    산코우 초등학교와 편의점 세븐일레븐 사이
홈페이지 http://www.coffret-coeur.net

르 코프레 드 쾨르의 베스트 제품

반숙 치즈케이크 fromage frais (¥483)

쿠키와 버터로 반죽한 케이크 베이스 위에 진하고 크리미한 치즈와 화려한 산미가 느껴지는 사워크림을 듬뿍 올려 반숙으로 구워낸 치즈케이크다. 케이크 위에는 블루베리와 유자청, 오렌지청을 올려 자칫 느끼할 수 있는 치즈와 크림의 맛에 상큼함을 더했다.

피스타치오 쇼트케이크 gâteau a la crème pistache (¥525)

진한 녹차의 맛이 잘 우러난 쫀득하고 촉촉한 반죽에 고소한 향이 일품인 피스타치오 크림을 올리고 말린 무화과로 장식한 케이크다. 특유의 쫄깃한 식감을 즐기기 위해서는 따뜻하게 먹는 것보다 차갑게 해서 먹는 편이 좋다고 한다.

가토 프로마주 허브 쇼트케이크 gâteau fromages et herb (¥357)

체다 치즈를 덩어리째 사용하여 쇼트케이크 반죽에 포인트를 주고, 그 위에는 마치 샐러드처럼 제철 허브와 파마산 치즈를 갈아서 올린 쇼트케이크다. 크림 일색인 일반적인 쇼트케이크와는 달리 채소를 듬뿍 올려 맛과 비주얼에서 새로움을 시도한 점이 눈에 띈다.

쌀가루 쇼트케이크 gâteau aux fruits de saison (¥588)

쌀가루와 최고급 발효버터를 사용한 르 코프레 드 쾨르만의 케이크 반죽에 제철 과일 콩포트(compote, 설탕 시럽 등에 절인 과일)를 올린 쇼트케이크다. 생크림 대신 크리미한 질감의 마스카르포네 치즈를 올려 느끼함을 줄였다.

THÉOBROMA

데오브로마

초콜릿으로 만들 수 있는
모든 것이 여기 있다

내가 처음 데오브로마를 알게 된 것은 동경제과학교 1학년 때다. 같은 반에 있던 한국인 유학생이 그곳에서 아르바이트를 하게 되면서 가게에 대해 이야기를 해주었다. 친구의 말에 따르면 데오브로마는 초콜릿을 재료로 한 스위츠라면 모든지 만든다고 했다.

그때까지만 해도 초콜릿 전문점인 쇼콜라티에에 대해서는 잘 알지 못했기 때문에 친구의 이야기를 듣고 데오브로마에 꼭 가보기로 결심했다. 데오브로마는 야마노테山手선이나 치요다千代田선을 타고 요요기코엔代代木公園역에서 내려 10여 분만 걸어가면 된다.

다크초콜릿 색깔의 차양이 드리워진 가게 문을 열고 들어서면 진한 초콜릿 향기가 코끝을 감싸고, 뒤이어 오븐에서 갓 구워져 나온 빵의 고소한 냄새가 다시 한 번 감탄사를 나오게 만든다. 이윽고 안쪽으로 걸어 들어가면 커다란 쇼케이스 안에 진열된 다양한 종류의 봉봉 오 쇼콜라와 신선한 재료로 만들어진 화려한 케이크 들이 시선을 사로잡는다. 쇼케이스 위에 진열된 타르트와 빵, 구움과자 역시 놓칠 수 없는 데오브로마의 먹을거리다.

가게 오른쪽에 위치한 카페에서는 선택한 케이크를 홍차나 커피와 함

께 즐길 수 있다. 개인적으로는 핫쇼콜라 드링크를 추천한다. 진한 초콜릿의 맛을 제대로 느낄 수 있는 데오브로마의 간판 제품이기 때문이다.

데오브로마에 가면 꼭 맛봐야 하는 제품이 또 있는데, 산포아킨 도스라는 초콜릿케이크다. 이 제품은 베네수엘라산 초콜릿과 계란만을 사용해서 만든 초콜릿케이크로 초콜릿 스펀지케이크 위에 가나슈를 올려 깔끔하게 마무리했다. 참고로 베네수엘라에서 생산되는 카카오의 양은 전 세계 생산량의 1퍼센트도 안 되지만 재료의 퀄리티는 세계 최고로 손꼽힌다. 이 케이크는 일본의 요리 잡지 〈요리 통신〉에서 선정한 '세계에 소개하고 싶은 일본의 스위츠 30선' 중 하나로 선정된 유명한 제품이다.

데오브로마의 오너 셰프인 쓰지야 코지 셰프는 초콜릿에 관한 해박한 지식과 뛰어난 기술로 명성이 자자한 일본의 유명 쇼콜라티에다. 프랑스에서 유학을 마치고 1987년 일본에 귀국한 그는 언젠가는 꼭 본인만의 브랜드를 내건 초콜릿 전문점을 선보이겠노라고 계획했다고 한다. 그리고 1999년, 초콜릿 박물관이라는 뜻의 '뮤제 뒤 쇼콜라 Musse Du Chocolat'라는 타이틀을 내걸고 데오브로마를 오픈한다. 참고로 데오브로마는 초콜릿의 원료인 카카오의 학명이다.

현재 데오브로마는 도쿄 시부야 본점을 비롯해 신주쿠, 이케부쿠로池袋, 시즈오카靜岡 등에 총 7개 지점을 두고 일본인들에게 초콜릿의 진하고 깊은 맛을 알리고 있다. 특히 가구라자카神樂坂에 있는 젤라테리아 데오브로마에서는 초콜릿과 함께 시원한 아이스크림도 맛볼 수 있어 여름철 많은 이들이 발걸음을 하는 명소이다.

1 여행 선물로 제격인 마카롱 세트.
2 초콜릿이 녹아 흐르는 모습을 구경하는 동물 그림이 인상적인 분홍색 틴케이스.
3 초콜릿과 궁합이 좋은 아쌈, 다질링 같은 홍차도 판매하고 있다.
4 데오브로마의 내부. '초콜릿 박물관'이라는 말이 아깝지 않을 만큼 다양한 종류의 초콜릿 케이크와 초콜릿이 쇼케이스에 가득하다.

주소 東京都渋谷区富ヶ谷 1-14-9 グリーンコアL渋谷 1F
전화번호 03-5790-2181
영업시간 오전 9시 30분~오후 8시
휴일 연중무휴
위치 치요다선 요요기코엔역 1번 출구에서 도보로 5분
홈페이지 http://www.theobroma.co.jp

데오브로마의 베스트 제품

산포아킨 도스 サンフォアキン ドス (￥525)

데오브로마의 간판 제품으로 베네수엘라산 고급 초콜릿을 사용하여 만든 케이크다. 밀가루를 전혀 사용하지 않고 계란과 초콜릿만을 넣어 만든 케이크 반죽을 구워 만든데다가 초콜릿 스펀지케이크 위에 진한 초콜릿 가나슈를 올려 양질의 초콜릿 맛을 마음껏 즐길 수 있다.

디아블로 ディアブル (￥315)

슈크림은 물론 슈 껍질에도 초콜릿을 넣어 만든 슈이다. 생크림, 커스터드 크림, 초콜릿 가나슈를 골고루 섞어 만든 슈크림 덕분에 진한 풍미의 초콜릿 맛을 즐길 수 있다. 차갑게 해서 먹으면 더욱 맛있다.

타르트 초콜릿 タルト ショコラ (￥525)

코코아 가루를 넣어 만든 타르트 반죽 위에 쌉싸래한 비터초콜릿 가나슈를 올려 구워낸 초콜릿 타르트다. 초콜릿 일색의 단조로움을 피하기 위해 맨 위에 금박의 장식을 올려 포인트를 주었다.

쇼콜라 클래식 ショコラ クラシック (￥525)

베네수엘라산 고급 초콜릿으로 만든 초콜릿케이크다. 별도의 크림이나 가나슈 등을 올리지 않아 이름처럼 '클래식'한 기본을 맛볼 수 있다. 표면의 바삭한 크랙(케이크 등의 표면이 열에 바짝 익으면서 갈라진 부분)이 단조로운 맛에 씹는 식감을 더해준다.

라 비에유 프랑스

LA VIEILLE FRANCE

파리의 라 비에유 프랑스를
그대로 재현하다

주말은 달콤한 휴일을 즐기기 위해 많은 사람들이 평일보다 스위츠숍을 자주 찾는다. 그래서인지 취재를 위해 연락을 하면 보통 주말을 피해 평일에 방문해주기를 요청한 곳들이 많았다. 하지만 정해진 일정 동안 다양한 스위츠숍을 방문하기 위해서는 때론 양해를 구하고 바쁜 주말에 방문을 해야 하는 일도 종종 생겼다. 이런 무리한 부탁을 했을 때 가장 흔쾌히 응해주었던 곳이 이번에 소개할 라 비에유 프랑스다.

라 비에유 프랑스는 신주쿠에서 게이오京王선을 타고 약 15분쯤 가면 도착할 수 있는 지토세카라스야마千歲烏山역에 있다. 역에서 내리면 깔끔하게 정리된 상점과 동화책에서 볼 수 있는 아담한 집들이 인상적인 한적한 주택가가 나온다. 이 주택가를 중심으로 만들어진 작은 도로를 따라 7분 정도 걸으면 큰 사거리가 나오는데, 그곳에 라 비에유 프랑스가 있다.

라 비에유 프랑스는 이곳의 오너 셰프인 키무라 셰프가 10여 년간 일했던 프랑스의 파티스리인 라 비에유 프랑스의 이름을 그대로 가져온 것이다. 키무라 셰프는 자신이 일했던 곳의 이름만 그대로 따오지 않았다. 살굿빛으로 칠해진 벽에는 프랑스 거리에서 볼 수 있는 주소 간판까지 똑같이 만들어 걸어놓았다. 그래서 라 비에유 프랑스 앞을 지나노라면 마치 프

랑스 시골의 한적한 풍경 속에 들어가 있는 느낌이 든다. 프랑스의 유명 파티스리인 퀘스넬을 비롯해 초콜릿 전문점 카푸리스 등을 거쳐 파리 라 비에유 프랑스의 수석 파티시에로 일했던 키무라 셰프는 자신의 스승이었던 라 비에유 프랑스의 오너 셰프 르네 에르만젤에 대한 오마주로 도쿄에 오픈한 자신의 파티스리 이름을 프랑스의 그것과 똑같이 지었다고 한다. 내부에 들어가면 이국적인 정취는 한층 더하다. 목재와 벽돌을 사용해 디자인한 실내는 요즘 많이 볼 수 있는 모던한 분위기의 파티스리들과는 달리 정겹고 따뜻한 느낌을 물씬 풍긴다.

    라 비에유 프랑스에서 꼭 먹어야만 하는 디저트가 있다면 가게 이름과 똑같은 라 비에유 프랑스다. 라 비에유 프랑스는 시나몬 풍미의 사과 페이스트에 럼주에 절인 건포도와 호두를 넣어 구운 파이다. 무화과로 만든 디저트 피그도 인상적이다. 디즈니 애니매이션에 나오는 슈렉처럼 생긴 이 디저트는 마지팬_{marzipan. 설탕과 아몬드 가루를 섞어 만든 페이스트}으로 감싸 만든 프랑스 전통과자다.

    생토노레도 빼놓기 아쉽다. 전체적으로 소박한 라 비에유 프랑스의 디저트들 중에서 단연 화려한 얼굴을 가졌기 때문이다. 생토노레는 계절과일을 사용해 맛에 포인트를 주는데, 내가 찾아갔을 때는 마론_밤 페이스트와 화이트초콜릿을 섞어 만든 고소하고 달콤한 크림과 카시스_{산딸기와 비슷한 과일}로 만든 새콤한 크림을 사용해 만든 생토노레를 선보이고 있었다. 그 밖에도 구움과자, 키시, 타르트 등 한끼 식사로도 충분히 든든한 디저트들이 많다.

1 밤이 제철인 때에 방문해서였는지 마론콩피를 초콜릿으로 감싼 마론콩피 초콜릿을 계절메뉴로 판매 중이었다.
2 프랑스를 상징하는 소품들이 놓여 있는 라 비에유 프랑스의 실내.
3 앤틱한 수납장에 진열되어 있는 수제 잼과 병조림 제품들.
4 쇼케이스에 들어 있는 알록달록한 라 비에유 프랑스의 스위츠들.
5 1834년부터 지금까지 명맥을 이어온 프랑스 파리의 라 비에유 프랑스 명함을 벤치마킹했다.

주소 東京都世田谷区粕谷 4-15-6 グランデュール千歳烏山 1F
전화 03-5314-3530
영업 오전 10시~오후 7시 30분
휴일 매주 월요일
위치 게이오선 지토세가라스야마역 남쪽 2번 출구에서 도보로 7분

라 비에유 프랑스의 베스트 제품

라 비에유 프랑스 LA VIEILLE FRANCE (￥380)

파리의 라 비에유 프랑스의 시그니처 메뉴다. 기본적인 파이 반죽 위에 시나몬 풍미의 사과 페이스트, 럼주에 절인 건포도, 호두를 올리고 구워낸 과일 파이다. 파이 위에는 사과를 채 썰어서 올려 아삭하면서도 상큼한 맛을 더했다.

피그 FIGUE (￥420)

럼주에 절인 건포도와 와인에 절인 뒤 말려낸 무화과를 초콜릿 가나슈와 버무린 다음, 연두색 마지팬으로 감싸 무화과 모양으로 만든 과자다. 독특한 색감과 모양이 마치 애니메이션의 주인공, 슈렉을 떠오르게 한다.

생토노레 ST. HONORÉ (￥480)

파이 반죽 위에 마론 페이스트와 화이트초콜릿으로 만든 크림, 달콤하면서도 산미가 강한 카시스 크림을 올리고, 곳곳에 파트 아슈(양배추 모양의 작고 앙증맞은 슈)로 장식해 만드는 프랑스식 전통과자 생토노레다. 라 비에유 프랑스에서는 때때로 제철과일을 올려 계절감을 나타낸다고 한다.

타르트 오 카페 TARTE AU CAFÉ (￥480)

타르트 반죽 위에 화이트초콜릿과 커피를 혼합하여 만든 초콜릿 커피 무스를 올린 타르트다. 커피빈과 곡선으로 모양을 낸 초콜릿으로 장식을 해 한층 부드럽고 우아한 모습을 완성했다.

에콜 크리올로

프랑스인 셰프의 손끝에서 빚어지는
동양적인 스위츠

현재 일본에서 내로라하는 유명 스위츠숍의 셰프들은 대부분 프랑스를 비롯해 독일, 벨기에 등 유럽 각지에서 적게는 3년, 길게는 10여 년 이상 제과제빵 기술을 연마한 분들이다. 이들은 귀국 후 유럽의 레시피를 일본인들의 입맛에 맞게끔 변형한 제품들을 창작해 일본 스위츠 팬들의 사랑을 받고 있다. 열성적인 소비자들과 장인정신으로 뭉친 셰프들 덕분에 일본은 세계에서도 인정받는 스위츠 강국이 되었다. 그만큼 일본에는 유럽에서 온 외국인 셰프들이 운영하는 스위츠숍도 많은 편인데, 그중 대표적인 곳이 에콜 크리올로다.

에콜 크리올로의 오너 셰프인 산토스 셰프는 프랑스 프로방스의 작은 마을에서 자랐다. 그는 어린 시절 어머니와 함께 작은 주방에서 과자를 만들던 행복했던 기억 때문에 파티시에가 되었다고 한다. 그는 파티시에 공부를 하던 중 일본에서 온 친구들과 친해지며 일본 문화에 대해 관심을 갖게 된다. 그러던 중 일본의 이케바나 いけばな, 꽃꽂이 문화에 영감을 받고 이를 슈가 크래프트와 접목시켜보고자 일본에 오게 되었다고 말했다.

프랑스의 유명 초콜릿 브랜드인 발로나의 수석 파티시에 자격으로 일본에 온 그는 일본 각지에 있는 파티시에들에게 최신 제과 기술을 전달하

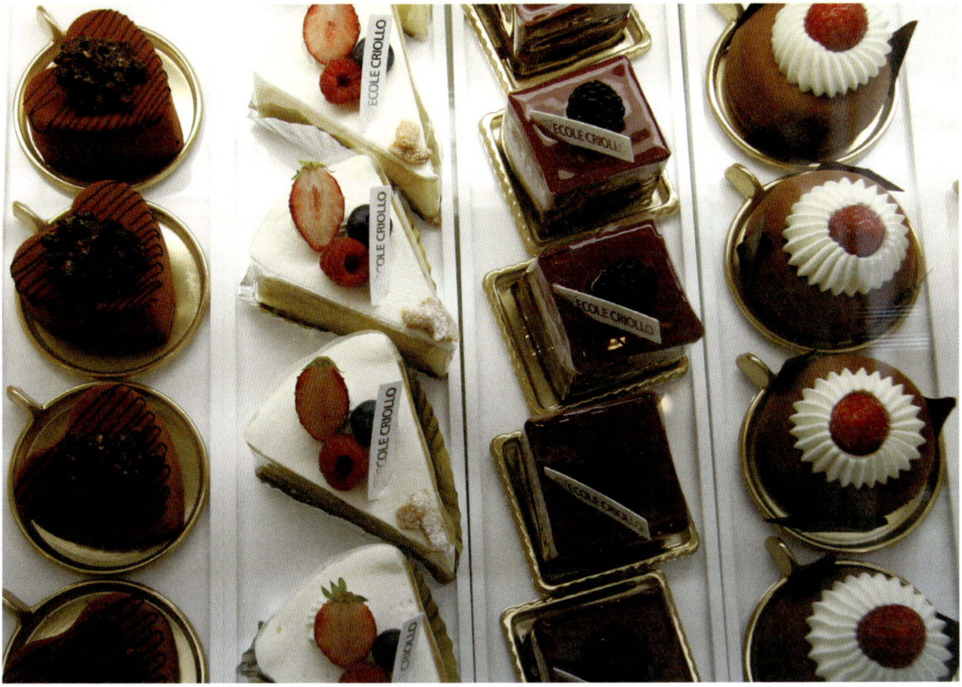
ECOLE CRIOLLO

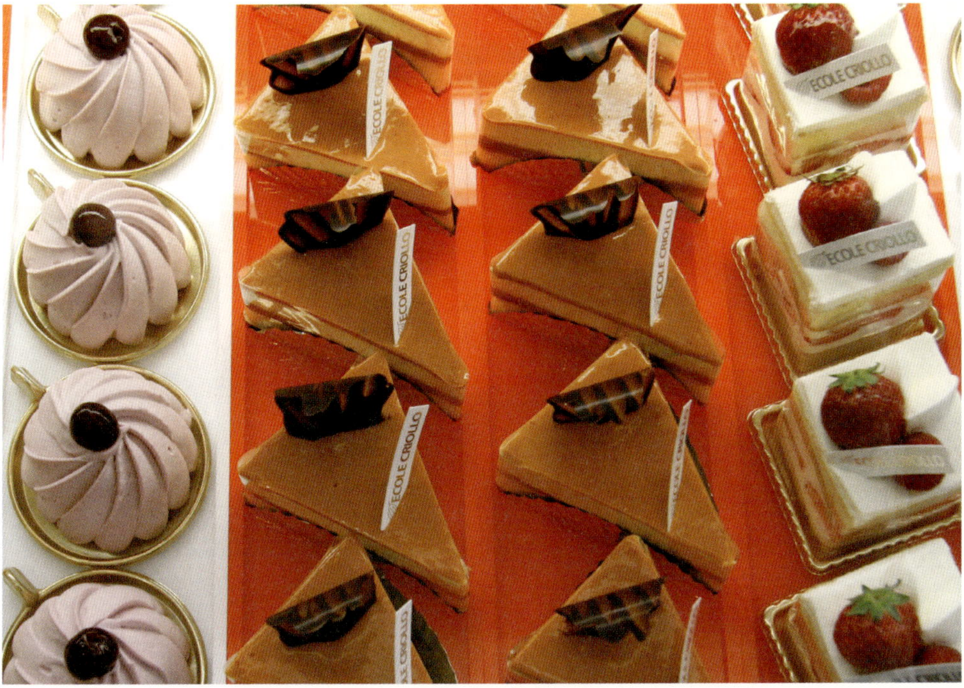
ECOLE CRIOLLO

ECOLE CRIOLLO
Pâtisserie & Ecole

ECOLE CRIOLLO
AM 10:00 ~ 11:00
Morning Set

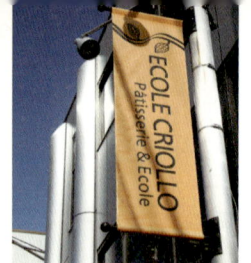

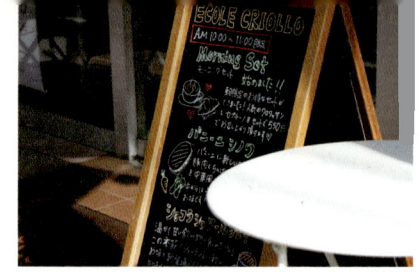

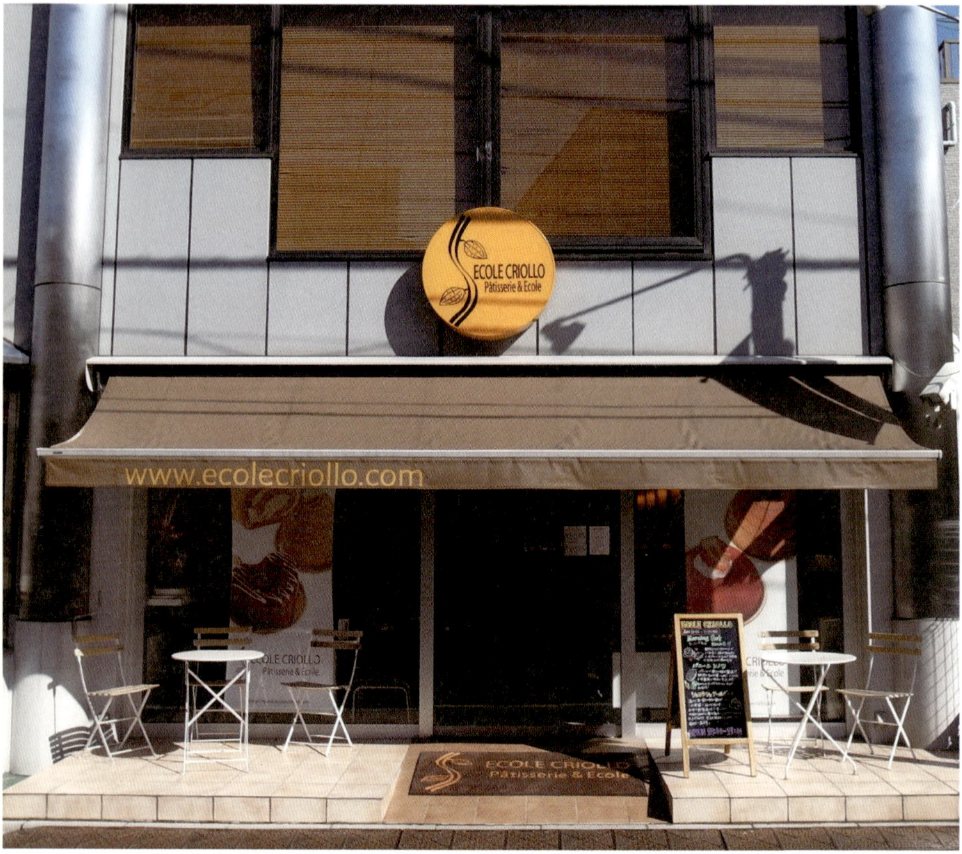
ECOLE CRIOLLO
Pâtisserie & Ecole
www.ecolecriollo.com
ECOLE CRIOLLO
Pâtisserie & Ecole

는 일을 하며, 2000년에는 양과자학교 에콜 크리올로를, 2003년에는 센카와千川에 파티스리 에콜 크리올로를 오픈한다. 에콜 크리올로에서는 스위츠를 판매할 뿐만 아니라 각종 제과 기술들을 가르쳐주는 수업도 진행하고 있다.

이케부쿠로에서 조금 떨어진 센카와의 조용한 주택가에 위치한 에콜 크리올로는 깔끔한 화이트와 오렌지색을 바탕으로 디자인하여 밝은 분위기를 풍긴다. 에콜 크리올로는 파티스리 카페로는 특이하게도 주류 취급이 가능한 허가권을 얻어 케이크나 초콜릿과 함께 가벼운 와인도 즐길 수 있다. 물론 홍차나 커피와 같은 일반적인 음료들도 판매한다.

건물 2층은 현재 아카데미로 사용 중이다. 이곳에서 케이크 만드는 방법을 비롯하여 다양한 기술들을 알려주는 수업이 진행된다. 에콜 크리올로에서는 아마추어 강좌부터 슈가 크래프트 같은 전문기술에 이르기까지 다양한 수업을 들을 수 있다. 때때로 외부에서 유명 파티시에를 초청해 특별 강좌를 열기도 한다.

프랑스인 셰프가 만든 수준급의 케이크와 다양한 음료를 여유롭게 즐기고자 하는 마을 주민들과 수업을 듣기 위한 수강생들로 에콜 크리올로는 항상 만원이다. 이런 여세를 몰아 2009년 3월, 나카메구로에 에콜 크리올로 2호점도 오픈했다고 한다. 2호점은 본점과는 성격이 다른 테이크아웃 전문점이지만 판매하고 있는 제품은 본점과 같다. 와인에 절인 서양자두를 넣은 초콜릿케이크는 2호점에서만 판매하는 제품이다.

1 오렌지색과 흰색의 조화로 에콜 크리올로 실내 분위기는 밝고 경쾌하다.
2 에콜 크리올로에서는 알코올음료도 판매하고 있어 품질 좋은 와인을 구입할 수 있다.
3 '당신을 위한 티' '즐거운 생일' 등 흥미로운 이름을 붙인 홍차를 예쁜 패키지에 넣어 판매 중이다.
4 마카롱 코크의 크랙 때문에 씹히는 식감이 인상적인 색색의 마카롱.

주소 東京都豊島区要町 3-9-7 1F
전화 03-3958-7058
영업 오전 10시~오후 7시
휴일 매주 화요일
위치 도쿄메트로 유라쿠초선 센카와역에서 도보로 3분
홈페이지 http://www.ecolecriollo.com

에콜 크리올로의 베스트 제품

애플 진저 Apple Ginger (¥480)

에콜 크리올로의 대표 제품이다. 케이크 재료로는 흔히 사용하지 않는 생강을 이용해 상큼하면서도 톡 쏘는 무스를 만들고, 그 안에 설탕에 절인 사과를 넣어 완성한 디저트다. 독특한 실험정신이 돋보이는 케이크다.

너바나 Nirvana (¥480)

국제 파티스리 프티 가토 부문에서 우승을 차지하게 해준 초콜릿케이크다. 촉촉한 초콜릿 스펀지케이크에 초콜릿 무스, 블랙베리 젤리와 크림을 넣어 상큼한 맛을 살렸다.

카페 프랄린 누와제트
Café Praline Noisette (¥480)

부드러운 초콜릿 무스 안에 헤이즐넛 크림과 바삭하고 고소한 식감을 가진 피안티누를 넣었다. 진한 초콜릿 향이 인상적이다. 기하학적인 문양도 독특하다.

가이아 Gaia (¥630)

세계 파티스리 대회 앙트르메 부문에서 우승한 케이크다. 캐러멜과 바닐라의 절묘한 식감을 즐길 수 있다. 피칸이 고소하게 씹히고 아몬드가 들어있는 촉촉한 스폰지케이크 그리고 부드러운 캐러멜무스와 바닐라 무스가 일품이다.

LA VIE DOUCE
라 비 두스

스위츠와 함께하는
'달콤한 생활' 이런 바로 이런 것!

신주쿠역에서 도에이신주쿠都薪宿선을 타고 아케보노바시曙橋역에서 내려 야스쿠니靖國 거리로 걸어가면 전면이 유리창으로 된 스위츠숍이 보인다. 프랑스어로 '달콤한 생활'이라는 뜻의 이름을 가진 라 비 두스다. 라 비 두스는 이름만큼이나 부담 없이 편안하게 들어갈 수 있는 스위츠숍이다.

 주민들이 아기를 유모차에 태우고 산책을 하다가 들를 수 있는 곳, 정류장에서 버스를 기다리다가 문득 달콤한 케이크와 은은한 향을 지닌 따뜻한 커피가 생각날 때 부담 없이 찾아갈 수 있는 곳이 바로 라 비 두스다. 취재차 들렀던 그날도 유치원생인 듯한 꼬마가 엄마 손을 잡고 가게 앞을 지나다가 빨간 딸기가 올려진 쇼트케이크의 유혹을 뿌리치지 못하고 엄마를 졸라 케이크를 하나 사가지고 가던 모습을 볼 수 있었다.

 라 비 두스의 오너 셰프는 나의 파티시 인생의 한 부분을 차지하고 있는 호리에 셰프다. 일본제과협회에서는 크리스마스나 밸런타인데이가 있는 겨울 시즌을 제외하고 매달 매주, 협회 회원들을 상대로 세미나를 개최한다. 협회에 가입된 셰프들은 직접 재료와 도구들을 준비해 자신들의 가게에서 파는 제품들 중 손님들에게 가장 반응이 좋거나 본인이 자신 있는 제품의 레시피를 설명해준다. 나는 평일 저녁에 열리는 이 세미나에

Pâtisserie
LA VIE DOUCE
Pâtisserie LA VIE
PATISSERIE LA VIE
OPEN

참석하기 위해 언제나 동경제과학교의 수업이 끝나면 세미나 장소로 후다닥 달려나가고는 했다. 그래야만 제시간에 도착해 좋은 자리에 앉아 수업을 들을 수 있었기 때문이다. 매주 새로운 셰프들을 만나 그들의 노하우를 전해 듣고 그들이 직접 만든 케이크를 맛보며 평소에 궁금했던 것들을 마음껏 질문할 수 있었던 그 자리는 체력적으로 고되기도 했지만 너무나도 값진 시간으로 기억된다. 그리고 그곳에서 나의 롤모델인 호리에 셰프도 만날 수 있었다.

호리에 셰프는 본래 오사카의 아베쓰지조리학교에서 일식을 공부했다. 하지만 파티시에라는 직업에 더 큰 매력을 느껴 프랑스의 유명 초콜릿 브랜드 발로나 등을 비롯해 프랑스, 벨기에, 룩셈브루크 등 유럽 각국의 유명한 파티스리에서 일을 하며 현장 경험을 쌓는다. 호리에 셰프가 유명세를 타게 된 것은 국제 파티스리 대회인 샤를 프루스트 대회에서 우승을 한 것이 계기였다. 당시 그에게 우승을 안겨준 케이크는 현재 라 비 두스의 인기 제품인 라 비 바카스다. 라 비 바카스는 초콜릿과 오렌지 풍미가 풍부한 그랑마니에 Grand Manier, 오렌지 맛 리큐르를 사용해 만든 제품으로 부드러운 초콜릿 무스와 오렌지향의 조화가 인상적인 스위츠다.

2001년부터 벌써 12년째 스위츠숍을 운영하고 있는 호리에 셰프는 화려한 모양을 자랑하는 케이크보다는 안심하고 먹을 수 있는 케이크를 만들고자 하는 것이 이 일을 하는 이유라고 전했다. 본인의 화려한 이력만을 내세우기보다는 지금보다 한 단계 더 발전하기 위해 항상 고민하는 그의 모습이 그 어떤 스위츠숍 취재 때보다 강한 인상을 남겼다.

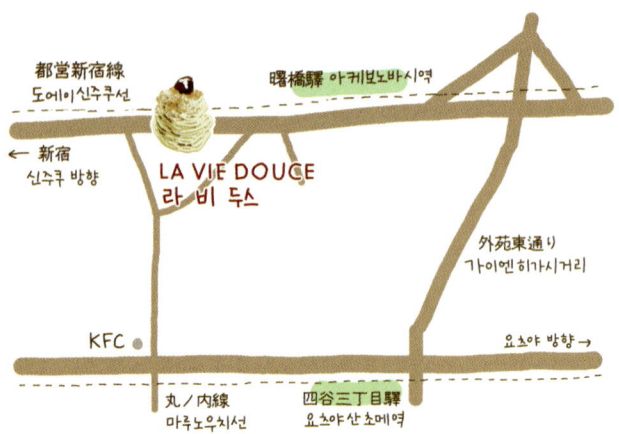

주소 東京都新宿区愛住町 23-14 F1
전화 03-5368-1160
영업 오전 9시 30분~오후 8시 (토요일은 오후 7시까지)
휴일 매주 월요일
위치 도에이신주쿠선 아케보노바시역에서 도보로 3분
홈페이지 http://www.laviedouce.jp

라 비 두스의 베스트 제품

라 비 바카스 ラ・ヴィ・バッカス (¥441)

지금의 라 비 두스를 만들었다 해도 과언이 아닌 라 비 두스의 대표 제품이다. 바삭하게 구운 타르트 위에 오렌지와 초콜릿 무스를 올린 케이크로 호리에 셰프가 국제 콩쿠르에서 우승을 차지할 수 있게 해준 케이크다.

캐러멜 푸딩 キャラメルプリン (¥315)

캐러멜 시럽이 바닥에 깔려 있는 일반적인 푸딩과는 달리 부드럽고 바닐라향이 진한 푸딩을 오븐에서 먼저 익혀서 식힌 뒤, 그 위에 생크림과 캐러멜 소스를 올려 만들었다. 덕분에 캐러멜 소스의 단맛이 즉각적으로 느껴진다.

샬롯 루즈 シャルトルーズ (¥441)

겉으로 보기에는 과일 푸딩처럼 생겼지만, 속에는 아몬드 비스퀴와 밀크초콜릿으로 만든 가나슈가 숨어 있다. 겉을 허브 리큐르와 프랑부아즈 쥬레로 감싸 시각적인 측면에서 상큼함을 더했다.

바나나 타르트 バナナタルト (¥441)

사브레 반죽 위에 아몬드 크림을 올린 뒤 오븐에서 구워낸 다음, 진한 커스터드 크림과 바나나, 생크림, 코코넛 크림을 올려 만든 디저트다. 사브레 반죽을 사용해서 일반적인 타르트보다 식감이 부드럽다.

sweets shop in Tokyo 4

{ 한적하고 평화로운
도쿄 외곽의 스위츠숍 }

L'Epicurien
레피퀴리엥

기치조지의 한가로움 속에서 맛보는
특별한 수플레

일본에서 매년 이루어지는 설문조사에 따르면 도쿄 수도권에 살고 있는 사람들이 가장 살고 싶어 하는 곳 1위로 꼽힌 곳이 기치조지라고 한다. 기치조지는 교통이 편리할 뿐만 아니라, 다양한 스타일의 상점들로 이루어진 쇼핑가와 이노카시라井の頭 공원 같은 여유로운 쉼터가 많이 있다. 한마디로 기치조지는 쇼핑, 휴식, 출퇴근 등 도시의 삶을 구성하는 많은 일과를 한곳에서 해결할 수 있는 지역이다. 그러면서도 도시의 분위기는 한가롭고 서민적이어서 일반 시민들에게도 전혀 부담스럽지 않다.

기치조지는 한국 사람들에게도 매우 익숙하고 유명한 곳이다. 〈이웃집 토토로〉 〈센과 치히로의 행방불명〉 등 수많은 명작 애니메이션을 만든 미야자키 하야오 감독이 직접 디자인한 지브리 미술관과 일본 드라마나 영화에 자주 등장하는 이노카시라 공원 때문이다. 낭만적이고 아름다운 볼거리가 넘치는 기치조지에는 그냥 지나칠 수 없는 곳이 또 하나 있다. 바로 프랑스 전통과자점인 레피퀴리엥이다.

레피퀴리엥은 신주쿠에서 15분쯤 걸리는 거리에 있어 쉽게 찾을 수 있다. 주오中央선을 타고 기치조지역에서 내린 뒤 남쪽 출구로 빠져나와 좁은 골목을 하나만 지나면, 눈앞에 커다란 마루이丸井 백화점이 보인다. 마

　루이 백화점을 뒤로 하고 쭉 걸으면 아기자기한 상점들이 즐비한 골목이 나오는데 그 길을 따라 이노카시라 공원 방면으로 3분 정도만 걸어가면 레피퀴리엥이 보인다. 레피퀴리엥은 프랑스어로 '쾌락주의자'라는 뜻인데, 이름만 들어도 스위츠의 달콤함에 깊게 중독된 스위츠 마니아의 얼굴이 떠오른다.

　쇼윈도 너머로 보이는 레피퀴리엥의 맛있게 잘 구워진 타르트와 파이, 마카롱 타워는 예전에 프랑스 파리 여행을 갔을 때 비 오는 샹젤리제 거리를 향해 걸으며 봤던 파티스리를 떠오르게 한다. 프랑스의 작은 골목골목마다 들어서 있는 소박하지만 정겨운 파티스리 말이다. 이런저런 추억에 잠긴 채 낡은 가게 문을 열고 들어가니 달콤한 향기와 은은한 커피 향기, 그리고 오래된 나무 바닥을 스치고 지나가는 발자국 소리가 참 정겨웠다.

　레피퀴리엥을 운영하는 가네코 테츠야 셰프는 프랑스 전통과자 중 하나인 에클레어의 맛에 반해 파티시에의 길을 걷게 되었다고 한다. 르 콩트, 오봉뷰탕, 쉐 시마 등 일본에서도 프랑스 전통과자만을 고집하며 만드는 곳에서 일을 한 가네코 셰프는 파리에서 2년간 유학 생활을 마친 뒤 다시 고국으로 돌아와 레피퀴리엥을 오픈했다.

　가네코 셰프는 새로운 제품을 만들어내기 위해 강박적으로 연구에만 매달리지 않는다고 한다. 대신 짬이 날 때면 혼자서 작은 바에 들러 음악도 듣고 술도 마시며 바텐더와 사소한 담소를 나누면서 일로 쌓인 스트레스를 풀며 삶의 활력을 찾는다고 한다. 그리고 사소한 대화들 속에서 힌

트를 얻어 제품을 만드는 아이디어에 반영한다.

그런 소소한 일상 속에서 탄생한 레피퀴리엥의 제품 중 하나가 수플레 쇼콜라다. 가네코 셰프의 수플레 쇼콜라는 기본적인 수플레 반죽에 커스터드 크림과 프랄린을 더해 초콜릿의 맛을 가볍게 풀어냈다. 수플레 안에는 신선한 프랑부아즈와 서양배를 첨가해 과일의 새콤달콤한 맛이 초콜릿의 풍미를 더욱 살려주도록 만들었고 씹는 질감까지 더해주었다.

수플레 쇼콜라는 미리 만들어 쇼케이스에 넣어두는 것이 아니라, 손님들의 주문이 들어오면 그때부터 만들기 시작하는 것이 특징이다. 손님들은 레피퀴리엥의 수플레 쇼콜라를 먹기 위해 15분이라는 시간을 기다려야만 한다. 레피퀴리엥에서는 손님들이 기다리는 15분 동안 지루하지 않도록 바닐라 아이스크림을 서비스로 내어준다. 이러한 작은 배려 또한 그가 파리에서 배운 섬세함이 아닐까 싶었다.

가게 이름과 같은 레피퀴리엥도 추천할 만한 간판 제품이다. 레피퀴리엥은 프랑스 전통과자의 대표라고 할 수 있는 시부스트chiboust로 부드러운 크림 안에 프랑부아즈 쥬레를 넣어 상큼한 맛이 인상적이다. 그밖에 헤이즐넛 시트 위에 프랄린 크림, 바닐라 크림, 초콜릿 크림을 올린 클래식한 케이크 마르졸렌느, 커피 풍미의 마카롱, 바삭하게 잘 구워진 파이 사이에 진한 커스터드 크림과 신선한 프랑부아즈를 바른 밀퍼유 프랑부아즈도 레피퀴리엥만의 개성이 살아 있는 스위츠들이다.

L'Epicurien
L'Epicurien

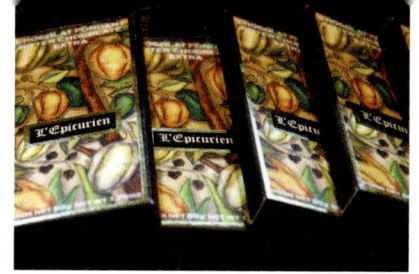

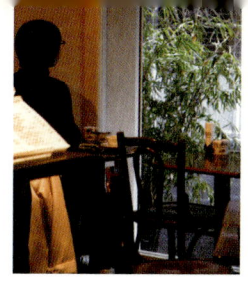

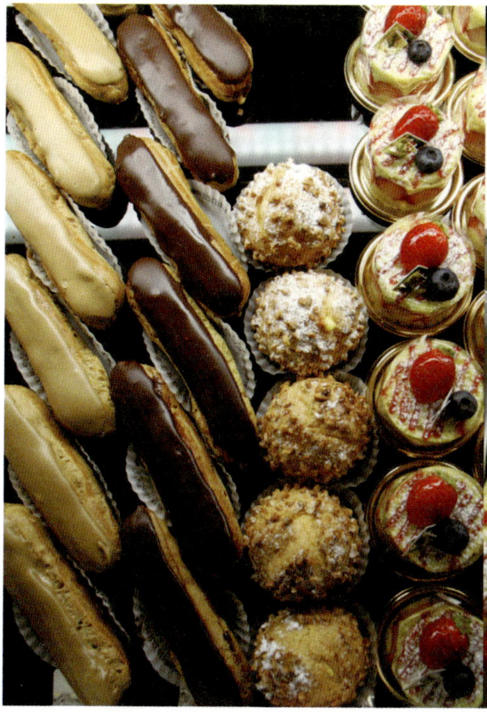

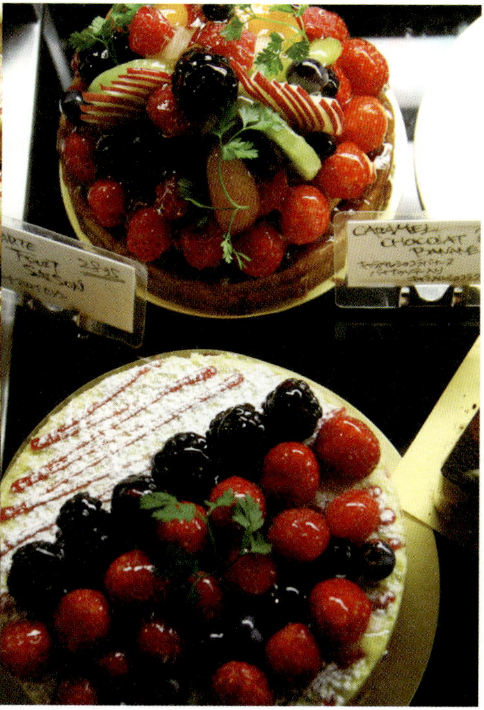
CARAMEL
CHOCOLAT

1 진열대에 제품들이 어수선하지 않게 진열되어 있어 정갈한 느낌이다.
2 차분한 느낌의 레피퀴리엥 실내 모습.
3 색색의 레피퀴리엥 마카롱. 초록색은 피스타치오맛, 노란색은 레몬맛.

주소 東京都武蔵野市吉祥寺南町 1-9-5 レンツェン吉祥寺
전화 0422-46-6288
영업 오전 10시 30분~오후 6시
휴일 매주 수요일
위치 JR 주오선 기치조지역 공원출구에서 도보로 3분

레피퀴리엥의 베스트 제품

레피퀴리엥 L'Epicurien (¥450)

가게의 이름을 그대로 제품 이름으로 사용하고 있는, 레피퀴리엥의 시그니처 제품이다. 프랑스 전통과자 중 하나인 시부스트 위에 부드러운 크림을 올리고 프랑부아즈 쥬레를 발라 마무리한 폭신한 식감이 인상적인 디저트다.

마타도르 MATADOR (¥550)

커피 풍미의 마카롱이다. 속은 견과류와 마스카르포네 치즈로 채워 고소함을 더했고, 마카롱 코크 윗면은 블러드 오렌지와 판초콜릿을 얹어 장식했다. 커피맛 이외에 치즈의 풍미, 오렌지의 상큼함이 조화를 이루는 인상적인 마카롱이다.

마르졸렌느 MARJOLAINE (¥550)

헤이즐넛 시트 위에 프랄린 크림, 바닐라 크림, 초콜릿 크림을 3단으로 쌓아 올린 케이크다. 특히 바닐라 크림의 맛이 부드럽게 입안에서 감돌아 느끼하지 않게 먹을 수 있다. 겉에는 견과류를 둘러 얹어 고소함도 더했다.

밀푀유 프랑부아즈
Mille-feuille au framboise (¥450)

바삭하게 잘 구워진 파이 사이에 진한 커스터드 크림과 프랑부아즈 잼을 층층이 발라 맛의 조화를 이루어낸 밀푀유다. 밀푀유는 프랑스어로 '천 개의 입사귀'라는 뜻으로 바삭거리는 식감이 인상적인 디저트다. 밀푀유 맨 위에는 딸기, 블루베리, 라즈베리를 올려 장식했다.

아 테 스웨이

바다소금을 넣어 만든
독특한 캐러멜의 맛

기치조지에서 버스를 타고 니시오기쿠보西荻窪의 조용한 주택가로 들어가면 언제나 손님들로 가득한 스위츠숍, 아 테 스웨이가 있다. 아 테 스웨이는 평일에도 개점 전부터 근처의 도쿄여자대학교의 학생들과 지역 주민들로 항상 붐빈다. 내가 아 테 스웨이를 방문한 날은 주말이었기 때문에 점원이 손님들의 방문을 정리해야 할 정도로 가게로 들어가는 입구부터 인파로 북적였다. 한적한 주택가임에도 불구하고 아 테 스웨이가 하루 종일 사람들로 붐비는 이유는 무엇일까? 아 테 스웨이의 무엇이 이토록 사람들의 마음을 사로잡은 것인지 궁금해졌다. 그에 대한 해답은 오너 셰프 가와무라 히데키 셰프와의 인터뷰를 통해 실마리를 얻을 수 있었다.

가와무라 셰프는 파티시에였던 아버지의 영향으로 고등학교를 졸업하자마자 가업을 이으며 파티시에가 되었다. 그리고 스물다섯 살이라는 어린 나이에 프랑스 월드 페스트리컵 대회와 가스트로노미크 아르파종에서 종합 우승을 차지하며 두각을 나타내기 시작한다.

그 정도 경력이라면 바로 자신의 브랜드를 내건 스위츠숍을 오픈해도 되었을 테지만, 가와무라 셰프는 새로운 길을 걸어가기로 결심한다. 일본에서의 안정적인 일상보다 프랑스에서의 새로운 삶을 선택한 가와무라 셰

프는 브르타뉴에 새로운 둥지를 틀게 된다. 그리고 그 모험은 지금의 아 테 스웨이가 선보이는 유니크한 디저트들의 바탕이 된다.

아 테 스웨이의 독특한 디저트 중 대표적인 것이 바다소금을 넣은 캐러멜이다. 가와무라 셰프는 브르타뉴의 4성급 호텔에서 일할 당시, 동료로부터 바다소금을 넣어 만든 캐러멜을 건네받아 먹었던 적이 있었는데 그 맛이 잊지 못할 정도로 인상적이었다고 한다.

브르타뉴 지방은 대서양과 영국 해협에 접한 프랑스 북서부에 위치해 있기 때문에 이 지역의 음식들은 바다소금을 이용한 것이 많다. 그래서 브르타뉴의 스위츠들은 일반 버터가 아니라 바다소금이 첨가된 유염버터를 사용한다. 이런 지역적 특색의 영향을 받아 가와무라 셰프는 2001년 아 테 스웨이를 오픈하면서 당시 일본에서는 잘 알려지지 않은 바다소금을 넣은 캐러멜을 선보이며 큰 화제를 낳았다. 이때 쓰이는 바다소금이 바로 소금 중의 소금이라는 찬사를 받는 게랑드 Guerande 소금이다.

아 테 스웨이의 쇼케이스는 여자대학 앞에 있는 상점답게 아기자기한 조각 케이크들과 초콜릿들로 가득하다. 특히 패션후르츠와 망고의 신맛이 일품인 화이트초콜릿 무스케이크 어시듀레와 독특한 디자인의 몽블랑은 꼭 한 번 먹어볼 만한 스위츠로 추천한다. 예쁘게 포장된 마카롱이나 캐러멜은 선물로도 제격이다.

1 화이트톤의 널찍한 아 테 스웨이의 실내.
2 여대 앞에 위치한 지역적 특성 때문인지 유난히 아기자기한 케이크들이 많다.
3 보기만 해도 즐거운 색색의 마카롱은 선물 세트로도 구성할 수 있다.
4 안에 뭐가 들어 있을까 궁금해지는 아 테 스웨이의 핑크빛 선물 상자.

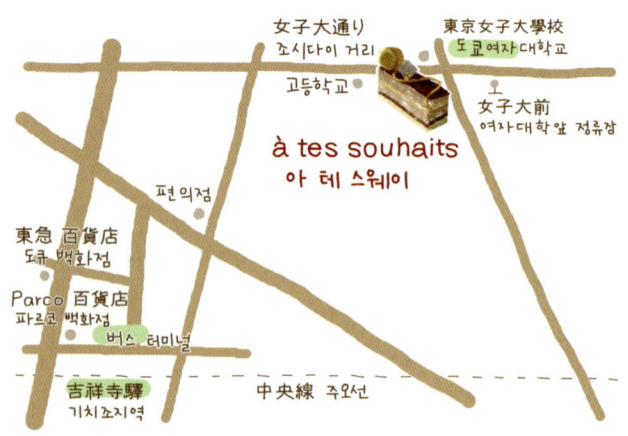

주소 東京都武蔵野市吉祥寺東町 3-8-8 カサ吉祥寺 2
전화 0422-29-0888
영업 오전 11시~오후 7시
휴일 매주 월요일 (단, 월요일이 공휴일인 경우에는 다음날인 화요일이 휴무)
위치 JR 주오선 기치조지역 북쪽출구로 나와 관동버스 3번 정류장에서 서10번 니시오기쿠보행 버스를 타고 도쿄여자대학 앞 정류장에서 하차. 도보로 1분
홈페이지 http://www.atessouhaits.co.jp

아 테 스웨이의 베스트 제품

마론 에 테베르 Marron et The vert (¥480)

은은한 녹차 향이 진한 바바로아 시트 위에 마론 무스와 초콜릿 장식을 얹어 심플하지만 깊은 맛을 전달하는 클래식한 디저트다.

어시듀레 Acidulé (¥420)

어시듀레는 프랑스어로 새콤하다는 뜻이다. 어시듀레는 비스퀴 시트 위에 화이트초콜릿이 섞인 라임 크림, 패션후르츠와 망고를 섞어 만든 크림을 올려 이름 그대로 새콤한 맛을 살린 디저트다.

몽블랑 Mont-blanc (¥420)

아 테 스웨이의 몽블랑은 몽블랑의 전형적인 모습과는 달리 위로 높이 뻗은 봉우리 같이 독특한 모양을 하고 있다. 몽블랑은 알프스 산맥의 최고봉이라는 점에 착안하여, 아 테 스웨이에서는 바삭하게 구운 아몬드 머랭 위에 마론 크림과 마론 콩피, 생크림을 층층이 올려 높이감 있는 몽블랑을 완성했다.

밀푀유 쇼콜라 바나나
Mille-feuille chocolat banana (¥520)

역시 초콜릿과 바나나는 환상의 조합이라는 생각을 하게 해준 디저트다. 바삭한 식감이 일품인 초콜릿 밀푀유에 패션후르츠 가나슈와 바나나 크림을 올려 속을 채운 밀푀유다.

릴리엔 베르크

Lilien Berg

화려하진 않지만
셰프의 진심이 느껴지는 몽블랑

동경제과학교 2학년 여름 무렵, 점심시간이 끝나고 바로 이어지는 제과 이론 수업은 정말 고달플 정도로 듣기 힘들었던 수업으로 기억한다. 그래서 어느 날 나는 같은 반 언니와 함께 교외에 있는 스위츠숍으로 황망히 도망쳤다. 그곳은 도쿄 교외 지역인 신유리가오카 新百合ヶ丘에 있는 릴리엔 베르크였다.

  굳이 그곳으로 간 까닭은 다음날 있을 특강의 초청 강사가 릴리엔 베르크의 오너 파티시에인 요코미조 하루오 셰프였기 때문이었다. 특강을 준비하기 위해 릴리엔 베르크에 가서 현장 답사를 한다는 핑계만큼 그럴 듯한 변명거리가 당시에는 떠오르지 않았기 때문이다.

  릴리엔 베르크는 도쿄 시민들이 살고 싶어 하는 신도시 중 하나인 신유리가오카에 위치해 있다. 지붕 위에 펼쳐진 파릇파릇한 잔디, 마치 그림책의 한 페이지에서 꺼내온 듯한 풍경, 나무로 만들어 거칠고 투박해 보이기도 하지만 자세히 살펴보면 귀여운 표정을 짓고 있는 아기 곰을 보고 있자니 마치 숲 속의 요정들이 숨어 살 것만 같은 공간처럼 느껴졌다.

  일본 도심의 습하고 답답한 공기에 지친 나에게 릴리엔 베르크의 풍경은 신선함으로 다가왔고 그때 느낀 신록의 상쾌함은 오랜 시간이 지난 지

금도 쉽게 잊히지 않았다. 취재차 다시 찾아간 릴리엔 베르크는 그때의 느낌 그대로 변함없이 나를 맞아주었다. 굳이 변한 것을 찾자면, 멀리서 찾아오는 손님들의 편의를 위해 가게 옆에 주차장이 새롭게 생긴 것과 예전보다 좀 더 많은 사람들이 찾아오는 듯한 분위기 정도였을 뿐이다.

릴리엔 베르크 안으로 들어서면 마치 동화에 나오는 포근한 분위기의 실내가 단연 눈에 띈다. 안으로 들어서자마자 하루에 500개씩 판매된다는 몽블랑과 빨간색이 무척 탐스러운 홍옥이 눈길을 사로잡는다. 진열대에는 화려함을 뽐내는 스위츠보다 투박한 듯하지만 정감 가는 케이크들과 구움 과자들이 놓여 있다. 꼬마 손님들의 호기심을 채워줄 수 있는 방을 만들어 그 안에 동화책을 잔뜩 준비해둔 배려도 정겹다. 큰 창을 만들어 놓아 안에서 작업장이 훤히 보이도록 만든 방도 있었는데 창문 너머로 빵 굽는 모습을 보며 미래의 파티시에를 꿈꾸는 아이가 있을지도 모르겠다.

릴리엔 베르크의 매력은 커다란 정원에서도 찾을 수 있다. 정원을 가득 채우고 있는 푸른 나무들과 화려한 꽃들은 계절마다 다양한 느낌을 선사한다. 시시각각 변화하는 정원의 풍경은 제철과일로 만들어진 쇼케이스의 케이크들과 어우러져 릴리엔 베르크를 찾은 손님들에게 유기농 먹을거리의 참맛이 무엇인지 알려준다.

릴리엔 베르크의 케이크에 쓰이는 재료들은 철마다 바뀐다. 봄에는 뇨호산女峰山의 딸기를, 여름에는 야마나시山梨의 복숭아와 구마모토熊本의 망고를, 가을에는 밤과 홍옥을 사용한 케이크를 선보인다. 릴리엔 베르크의 제철 재료들은 믿을 수 있는 개인 농가들과 일대일로 계약해 공급받

고 있기 때문에 그 신선함을 신뢰할 수 있다. 요코미조 셰프는 과일을 제공하는 농가에 과일의 작은 상처나 벌레는 문제를 삼지 않을 테니 되도록 농약의 양을 줄여서 재배해달라고 부탁한다고 한다.

릴리엔 베르크의 오너 파티시에인 요코미조 셰프는 이야기를 나누면 나눌수록 수더분한 옆집 할아버지 같았다. 온화하고 따뜻한 미소는 물론이고 릴리엔 베르크를 언제나 설레는 마음으로 방문할 수 있는 곳으로 만들어 가고 싶다는 그의 바람은 참 매력적이었다. 손님들에게 케이크가 맛있다는 말을 듣는 것보다 직원들이 참 밝고 즐거워 보인다는 말을 들을 때가 더 기쁘다는 그에게서 가게를 운영하고 사람을 경영해야 하는 오너 파티시에로서의 넓은 포용력도 배우고 돌아왔다. 실제로 요코미조 셰프는 가장 막내로 보이는 직원에게도 존댓말을 사용한다.

릴리엔 베르크에서는 몽블랑을 꼭 먹어볼 것을 추천한다. 부드러운 다쿠아즈 위에 천연수에 담가둔 밤으로 만든 시럽과 생크림, 밤 페이스트를 올린 릴리엔 베르크의 몽블랑은 화려하고 기교 넘치는 모양새는 아니지만 좋은 재료를 듬뿍 사용해 만들었다는 느낌이 단박에 든다. 몽블랑이 가을의 대표적인 제품이라면, 고구마가 가장 맛있는 계절인 겨울의 대표 제품은 사츠마이모노 샤를로트다. 고구마 무스 속에 부드러운 크림 브륄레가 들어 있어 입에 넣자마자 사르륵 녹는 맛이 정말 일품이다.

먹을 것을 만드는 사람의 마음은 인간에 대한 예의와 따뜻함으로 가득해야 한다는 생각을 전해준 요코미조 셰프. 그의 이런 마음이 릴리엔 베르크를 장수하게 한 힘이 아닐까 싶다.

1 릴리엔 베르크 안으로 들어가는 고즈넉한 계단길.
2 릴리엔 베르크의 정원 곳곳에는 정겨운 나무 조각품들이 숨어 있다.
3 릴리엔 베르크 로고가 새겨진 에코백과 손글씨로 적어 만드는 릴리엔 베르크 소식지.
4 어린이들을 위한 동화책과 작은 의자가 놓여 있는 공간.

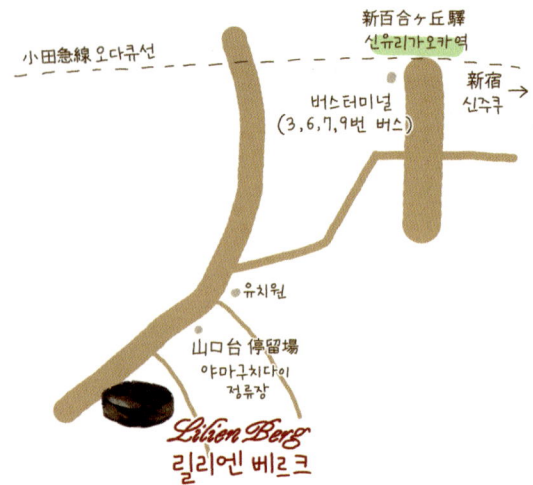

주소 神奈川県川崎市麻生区上麻生 4-18-17
전화 044-966-7511
영업 오전 10시~오후 6시
휴일 매달 첫째주, 셋째주 월요일, 매주 화요일 (카페는 주말, 11~12월 휴무)
위치 오다큐선을 타고 신유리가오카역에서 하차하여 3, 6, 7, 9번 버스를 타고
세 번째 정거장인 야마구치다이 정류장에서 하차, 오른쪽에 위치
홈페이지 www.lilienberg.jp

릴리엔 베르크의 베스트 제품

몽블랑 モンブラン (￥600)

가을이 되면 하루에 500개씩 판매된다고 하는 릴리엔 베르크의 인기상품이다. 밤을 천연수에 넣어두어 보관했다가 시럽과 페이스트를 만들 때 바로 꺼내어 사용한다고 한다. 다쿠아즈 시트 위에 밤 시럽을 바른 뒤 생크림과 밤 페이스트를 순차적으로 올려 만든 기본에 충실한 몽블랑이다.

자허토르테 ザッハトルテ (￥400)

자허토르테는 오스트리아 빈에서 탄생한 초콜릿 케이크로 초콜릿 스펀지케이크에 살구잼을 바른 뒤 초콜릿으로 케이크 전체를 코팅해 만든다. 릴리엔 베르크의 자허토르테는 스위스산 스위트초콜릿과 프랑스산 카카오매스 등 좋은 재료를 섞어 만든 초콜릿 덕분에 깊고 풍부한 맛이 인상적이다.

사츠마이모노 샤를로트
さつまいものシャルロット (￥400)

몽블랑이 밤으로 만든 릴리엔 베르크의 대표 제품이라고 한다면, 사츠마이모노 샤를로트는 고구마로 만든 릴리엔 베르크의 대표 디저트로 고구마가 가장 맛있는 계절에 나오는 시즌 메뉴다. 고구마 무스 위에 크리미한 크림 브륄레를 올리고, 다시 삶은 고구마 큐브를 올려 장식했다.

롤케이크 ロールケーキ (￥320)
시부카와 마롱 타르트 渋皮マロンのタルト (￥450)

릴리엔 베르크의 롤케이크는 매일 아침 막 구워낸 부드러운 스펀지케이크에 생크림과 커스터드 크림을 넣어 만든 롤케이크다. 기교를 부리지 않은 단순함이 매력적이다. 시부카와 마롱 타르트는 타르트 반죽에 아몬드 크림과 밤을 넣어 구운 타르트다. 속껍질을 까지 않은 밤을 오랜 시간 시럽에 절인 뒤 사용하는 것이 특색이다.

오븐 미튼 카페

엄마의 깊은 정성이 담긴
소박한 스위츠를 만드는 곳

도심에서 멀리 떨어진 고가네이小金井역에서 남쪽으로 20분가량 떨어진 곳에 있는 비탈길을 걸어 내려오면 하케노미치はけの道라고 불리는 좁은 골목길이 나온다. 그 길을 따라 걸어가면 호젓하고 조용한 무사시노武藏野 공원이 있다. 작은 냇물이 흐르는 이 공원은 멋진 산책로와 미술관이 있어 인근 주민들에게 큰 사랑을 받는 곳이다. 공원 안을 졸졸 흐르며 지나가는 물소리와 바람에 스치는 대나무 숲의 속삭임을 듣다보면 도쿄 근교라기보다 마치 조용한 시골에 와 있는 듯한 기분이 든다.

무사시노 공원에는 공기 좋은 산책로 말고도 주민들의 사랑을 받고 있는 빼놓을 수 없는 또 하나의 명소가 있다. 바로 일본 가정식 건물을 개조한 미술관 옆 카페, 오븐 미튼 카페다.

오븐 미튼 카페의 고지마 셰프는 일본 유학 시절 내내 나의 롤모델이었다. 화려한 케이크 대신 만드는 사람의 따스한 온기가 느껴지는 소박한 스위츠를 만드는 그녀의 모습은 파티시에가 되기로 결심한 내가 가장 닮고 싶은 모습이었다. 고가네이 시립미술관 옆 대나무 숲에 둘러싸인 하케모노리はけもの森 안에 위치한 아담한 카페는 언젠가 내가 꼭 운영하고 싶은 파티스리의 모델이기도 하다.

취재 당일 고지마 셰프는 향긋한 허브차와 파운드케이크를 내어주며 따뜻한 미소로 우리를 맞이해주었다. 공방 한편에서는 오늘 저녁에 있을 베이킹 수업 준비와 내일 오픈 미튼 카페를 찾아올 고객들을 위한 스위츠를 만드는 일로 파티시에들이 분주하게 움직이고 있었다. 원래 공방에서는 테이크아웃만 가능했는데 지금은 제품 생산부터 베이킹 교실 운영에 이르기까지 다양한 일들이 가능해졌다고 한다.

고지마 셰프가 파티시에가 된 계기는 조금 남다르다. 그녀는 어린 시절부터 과자 만들기를 좋아했지만 직업으로 생각해본 적이 없었다고 한다. 그런데 프렌치 셰프인 남편을 만나게 되면서 제2의 인생을 꿈꾸게 되었다고 한다. 남편의 레스토랑에서 자신의 취미를 살려 디저트를 직접 만들어보는 것도 흥미롭겠다는 생각을 하게 된 것이다. 20여 년 전만 해도 여성 파티시에는 흔하지 않았기 때문에 고지마 셰프의 결심은 현실적으로 쉬운 일만은 아니었다.

고지마 셰프는 낮에는 현장에서 일하고 밤에는 동경제과학교를 다니면서 학업과 실습을 병행하는 말 그대로 주경야독의 생활을 했다고 한다. 그러던 차에 신유리가오카에 위치한 릴리엔 베르크의 요코미조 하루오 셰프 밑에서 일을 하던 중, 문을 닫은 근처의 작은 빵집을 인수받게 되면서 본격적으로 자신만의 스위츠숍을 운영하게 된다. 하지만 자신의 스타일을 완성하지 못한 상태에서 가게를 성급히 오픈한 탓에 손님들에게 만족스러운 제품을 내놓지 못해 부침을 겪었다고 한다.

결국 다양한 방법을 모색하고 고민한 끝에 고지마 셰프는 인공 부재료를 줄이고, 좋은 재료만을 사용해 기본에 충실하면서도 감동을 줄 수 있는 자연스러운 맛을 가진 스위츠를 만드는 것이 자신이 추구하는 방향임을 깨닫게 된다. 그래서인지 오븐 미튼 카페에서 파는 스위츠들은 화려한 기교를 부린 것들 대신 쿠키, 머핀, 슈크림, 파운드케이크 등 집에서 엄마가 쉽게 만들어줄 수 있는 간식류가 많다.

특히 매일 아침 새롭게 만들어지는 슈는 오븐 미튼 카페의 대표 제품으로 신선한 크림이 일품이다. 하루에 100여 개 이상이 팔리는 오븐 미튼 카페의 슈는 공방에서 그날 판매할 분량을 바로 만들어 팔기 때문에 언제나 신선한 상태의 슈를 맛볼 수 있다. 페이스트 상태의 흰깨를 최상급 우유와 섞어 부드럽게 구워낸 뒤 유리잔에 담아내는 고마푸딩도 오븐 미튼 카페의 대표 제품이다. 속에 부담을 주지 않는 부드럽고 고소한 맛은 어린아이부터 나이 지긋한 노인들까지 모두 좋아하는 디저트다. 정직한 모양새를 가진 베이크드 치즈케이크와 밀가루가 전혀 들어가지 않아 비터초콜릿의 풍부한 맛과 호두의 씹는 질감을 그대로 느낄 수 있는 퐁당피칸도 꼭 한 번 드셔보시길 추천한다.

오븐 미튼 카페는 바삐 돌아가는 일상을 뒤로 하고 싱그러운 푸르름 속에서 내 마음을 잘 알아주는 다정한 사람들과 도란도란 담소를 나누기에 좋은 스위츠숍이다. 삐거덕거리는 나무 바닥조차도 마음을 흐뭇하고 여유 있게 만들어주는 오븐 미튼 카페에서 방문하는 모든 이들에게 휴식처가 될 수 있는 파티스리를 운영하고 싶은 나의 꿈을 다시 한 번 돌이켜 볼 수 있었다.

1 단출하지만 소박한 멋이 있는 오븐 미튼 카페의 쇼케이스. 엄마의 주방 같은 느낌이 든다.
2 오븐 미튼 카페 입구에 세워진 낡은 입간판.
3 오븐 미튼 카페의 심플한 메뉴판.
4 고지마 셰프가 집필한 스위츠 레시피북.

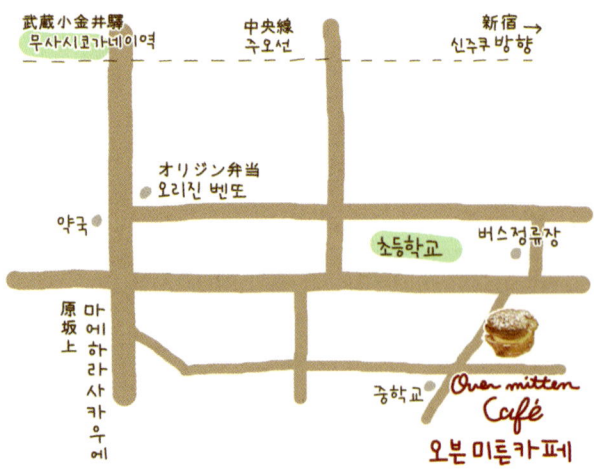

주소 東京都小金井市中町 1-11-3
전화 042-385-7410
영업 오전 10시~오후 3시 45분 (11월~2월, 마지막 주문은 3시 15분까지)
　　　오전 10시~오후 4시 45분 (3월~10월, 마지막 주문은 4시 15분까지)
휴일 매주 월·화요일, 매달 셋째주 일요일
위치 JR 주오선 무사시코가네이시역 남쪽출구에서 도보로 15분
홈페이지 http://www.ovenmitten.com

오븐 미튼 카페의 베스트 제품

미튼즈 슈크림 ミトンズ シュークリーム (￥265)

하루에 100여 개 이상이 팔리는 오븐 미튼 카페의 대표적인 제품이다. 특별한 특징이 없어 보이지만, 당일 생산한 크림만 사용한다는 원칙 때문에 그 어떤 슈크림들보다 깊고 진하고 신선한 맛을 보장한다.

고마푸딩 ゴマプリン (￥389)

우리나라의 참깨죽을 떠올리게 하는 구수한 맛이 인상적인 푸딩이다. 페이스트 상태의 흰깨를 양질의 우유와 혼합하여 부드럽게 구워낸다. 달디단 디저트를 좋아하지 않는 노인부터 딱딱한 것을 먹기 어려워하는 어린아이들까지 맛있게 먹을 수 있는 부드러운 디저트다.

베이크드 치즈케이크
ベイクド チーズケーキ (￥378)

미튼즈 슈크림처럼 생김새는 단출하지만 적당한 수분기가 있어서 스펀지케이크를 먹을 때의 보슬보슬한 식감이 떠오르는 치즈케이크다. 크림 치즈를 듬뿍 사용했음에도 불구하고 뒷맛이 무겁거나 느끼하지 않다.

퐁당피칸 ホンダン ペカン (￥378)

퐁당 쇼콜라 케이크에 호두와 비슷하게 생긴 견과류인 피칸을 충전물로 아낌없이 듬뿍 넣어 만든 초콜릿 파이다. 밀가루가 전혀 들어가지 않아 진한 비터초콜릿의 맛을 풍부하게 느낄 수 있다.

오크우드

한적한 숲 속의
따뜻한 오두막 같은 과자공방

동경제과학교에서는 2학년이 되면 수업 환경과 커리큘럼이 크게 바뀐다. 1학년 때는 음식을 만드는 사람으로서 꼭 알아두어야 할 기본적인 이론수업과 기초적인 제과 기술이 몸에 배도록 반복적인 실습이 이루어진다.

　반면에 2학년으로 올라가면 거의 모든 수업들이 선생님들의 실연과 실습으로 이루어지고 재료들도 한층 더 좋은 것들을 사용한다. 전문화된 2학년 수업 중 언제나 기대되고 나를 설레게 했던 수업은 일본 최고의 셰프들이 직접 와서 보여주는 실연 수업이었다. 이 수업을 위해 그전에는 별다른 생각 없이 무심코 방문했던 가게들을 어떤 목적을 갖고 찾아가기 시작했다. 셰프들의 수업을 듣기 전 그들이 만든 케이크를 직접 눈으로 보고 맛을 느껴보는 일이 선행되어야 한다고 생각했기 때문이다.

　도쿄에서 꽤 먼 곳에 위치한 가스카베의 오크우드를 찾아간 것도 실연수업 준비 때문이었다. 편도 전철비만 1,000엔이 넘게 들고, 신주쿠에서 출발하면 1시간 이상 걸리는 그곳까지 찾아간 날은 무척 무더운 여름이었다. 게다가 초행길이라 얼마나 길을 헤맸는지.

　하지만 그런 고생을 보상이라도 해주듯 도쿄 도심에서는 절대 볼 수 없는 자연친화적인 분위기와 예비 파티시에들에게 친절하게 오크우드에

대해 설명해주는 요코다 셰프의 모습은 감동 그 자체였다.

사실 요코다 셰프를 직접 만나기 전까지 나는 그에 대해서 편견을 갖고 있었다. 요코다 셰프는 일본 파크하얏트 호텔의 페스트리 셰프 출신이자 국내외 수많은 양과자 대회에서 이름을 날린 화려한 경력의 셰프였기 때문에 나는 그가 운영하는 오크우드 역시 그의 이력만큼 화려할 것이라고 지레짐작했다. 하지만 학생인 우리들에게 오크우드의 역사와 제품들에 대해 성심성의껏 설명해주는 그의 모습과 자연의 수수함이 살아 있는 오크우드 전경을 보니 나의 판단이 너무 섣불렀다는 생각이 들었다.

오크우드의 스위츠들은 재료 고유의 맛을 그대로 살리는 것을 중요하게 생각하기 때문에 대부분의 케이크들이 달지 않고 담백하다. 특히 그중에서도 인기 있는 제품은 요코다 셰프가 일본의 유명한 녹차 산지인 우지의 가키코오리 かきこおり, 일본식 빙수를 먹으면서 영감을 받아 만든 녹차케이크 우지다. 가키코오리에는 연유를 뿌려 먹는데, 쌉쌀한 녹차와 달콤한 연유 맛이 조화를 이루는 것을 보고 요코다 셰프는 초콜릿 스펀지케이크 시트에 진한 녹차 무스와 연유 크림을 올린 케이크를 만들었다.

오크우드를 오픈한 지도 7년이라는 시간이 흘렀지만 아직도 자신이 생각하는 이상적인 모습은 완성되는 않았다는 요코다 셰프. 울창하게 자라나는 정원의 나무들만큼 가게의 서비스도 날로 업그레이드 되어 손님들에게 최고의 만족감을 줄 수 있으면 좋겠다고 전하는 그의 모습에서 대가의 허례허식 없는 진솔한 모습을 만날 수 있었다.

完熟したいちじくと
赤ワインをコトコト煮た
大人の味わい
Oak Wood

LBS. NET
Oak Wood

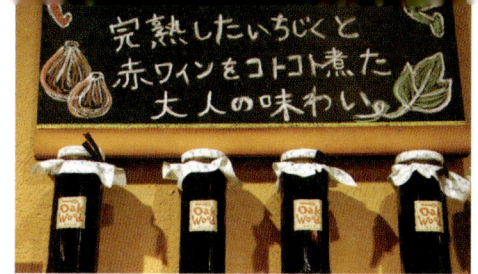

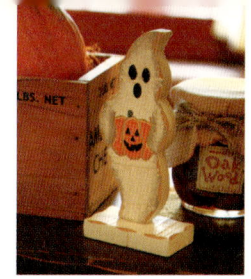

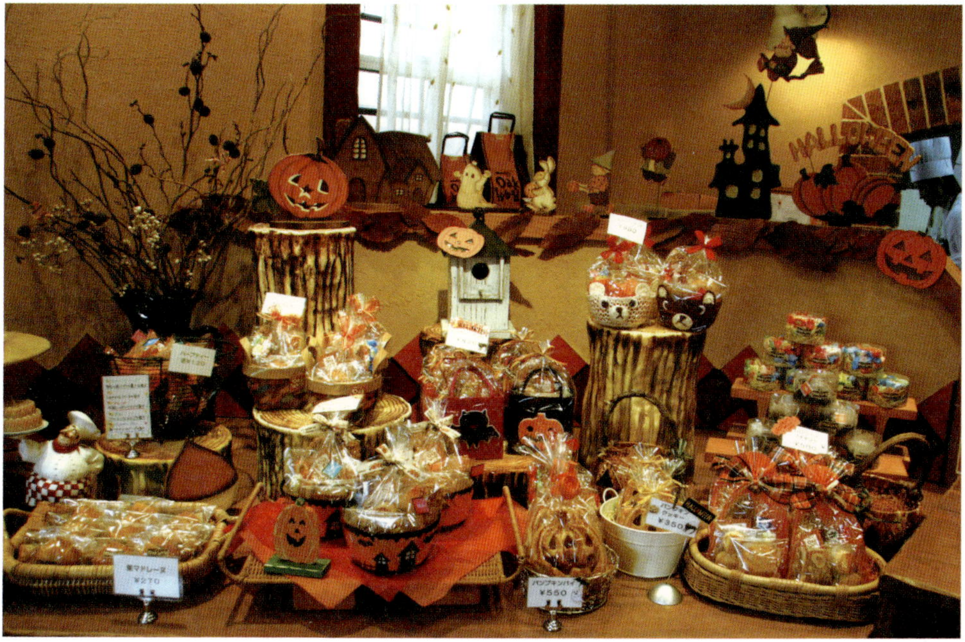
栗マドレーヌ
¥270
パンプキンパイ
¥550

1 오크우드 입구에 세워져 있는 간판. 나무로 만들어진 간판의 모습이 정겹다.
2 오크우드 정원에서 직접 기른 로즈마리가 들어 있는 스콘과 제철과일을 사용해 만든 잼.
3 오크우드 쇼케이스에서 볼 수 있는 소박한 모양과 색감의 케이크들.
4 할로윈 시즌에 방문하여 진열대에는 단호박을 이용한 제품들이 많이 놓여 있었다.

주소 埼玉県春日部市八丁目 966-51
전화 048-760-0357
영업 오전 10시~오후 7시(케이크 가게)
　　　오전 11시~오후 7시(카페)
휴일 매주 수요일 (카페는 수요일이 공휴일일 경우 목요일 휴무)
위치 도부이세자키선 가스가베역 동쪽출구에서 도보로 12분
　　　걷기에 먼 거리이므로 버스(약 100엔)나 택시(약 710엔)를 이용하는 것을 권장
홈페이지 http://oakwood.co.jp

오크우드의 베스트 제품

에크라테 エクラテ (￥450)

헤이즐넛을 넣은 다쿠아즈 시트, 피스타치오 버터 크림, 프랑부아즈 버터 크림을 층층이 쌓아 올려 고소함과 가벼운 산미를 동시에 즐길 수 있는 쇼트케이크다. 케이크 윗면에는 프랑부아즈 쥬레를 올리고, 붉은 라즈베리와 초록의 피스타치오로 장식을 하여 포인트를 주었다.

우지 宇治 (￥380)

일본에서 녹차 산지로 유명한 우지에서 연유가 뿌려진 가키코오리를 먹으며 레시피를 착안해낸 오크우드의 인기 제품이다. 진한 녹차 무스와 연유 크림, 잘 익혀낸 팥, 초콜릿케이크 시트의 어울림이 일품이다.

오크푸딩 オークプリン (￥280)

연유와 유사한 토피 크림 위에 부드럽고 연한 캐러멜 소스를 올려 남녀노소를 불문하고 즐길 수 있는 오크우드만의 푸딩이다. 오크우드에 마련된 정원 카페에서 먹고 가도 좋지만, 테이크아웃용으로도 만들어져 있어 선물로도 제격이다.

펌킨롤 パンプキン ロール (￥380)

이름 그대로 단호박을 사용한 롤케이크다. 촉촉하고 달콤한 단호박 케이크 시트에 단호박으로 만든 커스터드 크림과 잘 익혀낸 통팥을 듬뿍 넣은 소박한 매력이 넘치는 롤케이크다. 우지와 더불어서 오크우드의 판매를 이끄는 스테디셀러다.

sweets shop in Kobe

{ 일본 스위츠의 역사가 시작된
고베의 스위츠숍 }

카페 프로인들리브

50년 이상의 역사가 살아 숨 쉬는
베이커리 카페

일본의 대표적인 항구도시인 고베_{神戸}는 서양 문물이 드나들던 통로였던 만큼 양과자가 특색 있게 발달했다. 그래서 일본의 대형 과자 브랜드 본사들은 도쿄가 아닌 고베에 많이 위치해 있는 편이다. 일본의 유명한 양과자 겉포장지에는 '고베'라고 많이 쓰여 있다. 당연히 고베에는 다양한 베이커리와 파티스리가 많다. 그 수많은 가게들 중에서도 역사가 유난히 깊어 일본에서도 전국적으로 알아주는 베이커리 카페가 있다. 이번에 소개할 곳은 바로 그곳, 카페 프로인들리브다.

카페 프로인들리브는 교회 건물을 개조한 베이커리 카페다. 그래서인지 전체적인 분위기가 조용하면서도 고즈넉하다. 이곳은 1914년 하인리히 프로인들리브라는 독일 군인이 만든 곳이다. 하인리히 프로인들리브는 제1차 세계대전 당시 해병으로 참전했다가 전쟁이 끝난 후 일본에 독일군 포로로 수용됐다. 포로에서 풀려난 뒤 그는 나고야_{名古屋}에 정착해 일본인과 결혼한 뒤 고베에서 빵가게를 운영했다고 한다. 그러나 제2차 세계대전으로 인해 고베 시내는 모두 초토화가 됐다.

하지만 하인리히 프로인들리브는 불굴의 의지로 가게를 다시 일으켜 세웠다고 한다. 그즈음 독일로 제빵을 공부하기 위해 유학을 떠났던 아들

도 돌아오게 되면서, 두 부자父子는 의기투합해 1948년 고베의 유니온 교회 건물을 개조한 카페 프로인들리브를 세우게 된다. 유니온 교회는 고베 항구 개방과 동시에 서양의 기독교가 들어오면서 생겨난 일본의 개신교도들이 모여서 활동하던 곳으로 하인리히 부부가 결혼식을 올린 장소라고도 한다. 현재는 고베 시 유형문화재로도 지정된 유서 깊은 곳이다.

지어진 지 70년이 넘은 이 건물의 주차장이었던 곳은 현재 제빵공장이 들어서서 독일 전통 빵과 과자를 생산하고 있다. 1층 매장에는 오븐에서 갓 구워져 나온 고소한 독일 전통 빵과 투박하지만 정감 가는 독일식 케이크, 구움과자 선물 세트가 가득하다. 예배당이었던 2층은 현재 카페로 운영 중인데, 깔끔하고 차분한 분위기가 매력적이다.

카페 프로인들리브의 대표 제품은 오리지널 로스트 비프 샌드위치로 카페 곳곳에서 오리지널 로스트 비프 샌드위치와 함께 커피를 마시는 사람들을 발견할 수 있다. 오리지널 로스트 비프 샌드위치는 하루에 20개만 한정 판매하는 제품이라 빨리 방문하지 않으면 맛보기가 쉽지 않다. 내가 방문한 날은 이미 한정 판매분이 모두 팔려서 아쉽게도 오리지널 로스트 비프 샌드위치를 먹을 수는 없었다.

2층 카페 공간은 다양한 파티와 행사를 즐길 수 있도록 항상 열려 있기 때문에 많은 고베 시민들이 결혼식 피로연과 같은 행사를 치를 때 즐겨 찾는 장소다. 카페 프로인들리브의 내부에는 교회였을 당시의 모습과 현재의 모습을 사진으로 남겨 함께 걸어두어 이곳을 찾는 손님들에게 깊은 역사를 다시 한 번 일깨워주고 있다.

1 카페 프로인들리브 1층에서는 다양한 종류의 독일식 구움과자를 판매하고 있다.
2 구움과자, 프레첼 이외에 식사용으로 사용되는 두툼한 식빵과 파이 등도 판매한다.
3 카페 프로인들리브의 포장상자. 'German Home Bakery'라는 문안이 이곳의 정체성을 말해준다.
4 교회로 사용하던 19세기 건물을 훼손하지 않고 그대로 보존해 사용하고 있다.

주소 神戶市中央区生田町 4-6-15
전화 078-231-6051
영업 오전 10시~오후 7시
휴일 매주 수요일 정기휴무
위치 JR, 한큐선, 한신선 산노미야역에서 도보로 약 10분

카페 프로인들리브의 베스트 제품

오리지널 로스트 비프 샌드위치
オリジナル ロースト ビーフ サンドイッチ (￥1,680)

하루에 20개만 한정 판매하는 로스트 비프 샌드위치다. 마카로니 샐러드와 방울토마토, 큼지막한 통오이피클 등이 한 접시에 함께 담겨 나와서 한끼 식사로도 손색없을 만큼 푸짐하고 맛있다.

잼파이 ジャムパイ (￥346)

섬세한 결이 잘 살아나도록 반죽한 데니시 패스트리 반죽 한가운데에 특제 딸기잼을 올려 구운 파이다. 데니시 패스트리는 덴마크 고유의 단단한 버터를 사용해 만드는 패스트리로 설탕, 유지, 계란 등이 많이 들어가서 풍부한 맛이 나는 것이 특징이다.

프레첼 ブレッツエル (￥346)

밀가루 반죽에 소금을 뿌려 만든 전통 프레첼 반죽이 아닌 버터와 달걀을 넣은 패스트리 반죽으로 만들어 더욱 바삭한 느낌을 살렸다. 반죽 사이 사이에는 시나몬 슈가를 뿌려 알싸하면서도 달콤한 향을 더했다.

마론파이 マロンパイ (￥346)

파이 반죽에 아몬드 크림과 마론 페이스트를 가득 채워 넣은 뒤 가운데에는 껍질째 오랫동안 졸여낸 통밤을 올려 장식해 구워낸 파이다. 밤이 제철인 가을과 겨울에만 맛볼 수 있는 프로인들리브의 계절 상품이다.

그린스 커피 로스터

고베에서 가장 질 좋은
원두를 로스팅 하는 곳

일본의 스위츠를 소개하면서 커피가 유명한 곳도 한 곳쯤은 넣어야 하지 않을까 생각했다. 달콤한 스위츠를 사랑하는 사람이라면 그 단맛과 탁월한 조화를 이루는 커피도 좋아할 것이라는 생각 때문이다. 간사이 지역(오사카, 고베, 교토) 취재에 많은 도움을 주었던 간사이 프로모션 서울 사무소의 고지마 상으로부터 고베 하면 커피를 빼놓을 수 없다는 말을 들은 것도 내 귀를 솔깃하게 했다.

고베의 멋쟁이들과 많은 관광객들이 찾는 모토마치元町 상점가에서 조금 떨어진 곳에 모토마치 상점가와는 전혀 다른 분위기의 좁고 긴 상점가가 하나 있다. 고베의 젊은이들이 많이 찾는 이 작은 상점가에서 연한 연둣빛으로 칠한 벽이 유독 눈에 띈다. 작지만 한눈에 쉽게 들어오는 '마메 효, 일본어로 '콩'이라는 뜻'라고 쓰인 간판과 새싹 로고 역시 그냥 지나치기엔 눈을 잡아끄는 구석이 있다. 이곳의 이름은 그린스 커피 로스터.

그린스 커피 로스터의 커피맛을 책임지는 바리스타는 일본 사이펀 챔피언십에서 2001년과 2004년, 2번이나 우승을 차지한 이와오 야스타카 상이다. 카페를 운영하던 부모님 덕분에 어린 시절부터 사이펀을 이용해 커피를 내리는 일이 당연한 일상이었던 그는 대학 졸업 후 가업을 잇기로

　결심하고 부모님이 운영하는 카페에서 일했다. 이후 사이펀 커피에서 가장 중요한 것은 좋은 커피콩을 직접 로스팅하는 것이라는 생각이 확고해졌을 무렵, 부모님의 가게에서 독립해 그린스 커피 로스터를 오픈했다.
　그린스 커피 로스터 1층 주방 앞에는 여러 대의 사이펀이 줄지어 서 있어, 커피가 끓어오르는 순간을 생생하게 볼 수 있었다. 커피를 기다리는 동안 이 모습을 보는 것만으로도 대단한 눈요기였다. 사이펀 추출법은 혼자서도 많은 양의 커피를 한 번에 내릴 수 있는 것이 장점이다. 하지만 충분한 화력으로 물의 온도를 잘 조절하지 않으면 커피 고유의 풍미를 잃어 쓴맛이 강해지고, 잡다한 맛이 섞여 순도 높은 커피 본연의 맛이 나오지 않기 때문에 섬세한 불 조절 능력이 필요한 추출법이기도 하다.
　그린스 커피 로스터 주방 한쪽에는 유리로 공간을 분리해 만든 배전실이 있어 손님들의 호기심을 자극한다. 배전실은 생두를 로스팅 기계에 넣어 원두로 볶아내는 곳이다. 그린스 커피 로스터는 2층까지 연결되어 있다. 나선형의 계단을 따라 올라가면 낮은 천정 아래 심플한 인테리어로 꾸민 카페 공간이 나온다. 꽤 늦은 시간이었지만 연인과 함께 담소를 나누거나 혼자서 따뜻한 커피를 즐기며 책을 읽는 사람들의 모습이 자못 평화로워 보이는 공간이었다.
　책 출간을 앞두고 다시 연락을 취해보니 현재는 로스팅에 집중하고자 카페 영업은 중단했다는 아쉬운 소식이 들려왔다. 하지만 그 아쉬움을 달래줄 만큼 뛰어난 로스팅 원두를 판매하고 있으니 고베에 가게 되면 꼭 그린스 커피 로스터에 들러보길 바란다.

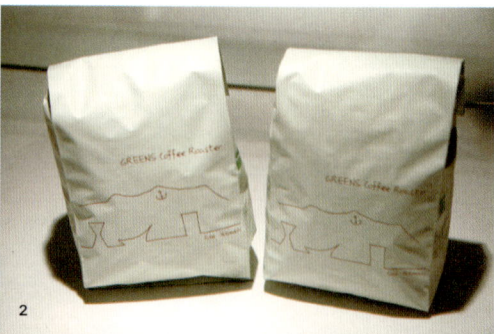

1 이와오 상이 국내외 커피 마스터 대회에서 수상한 상패들.
2 그린스 커피 로스터에서 로스팅한 원두. 100g당 1,000엔에 판매 중이다.
3 그린스 커피 로스터의 입구. '豆(마메, 콩)'라고 큼지막하게 쓰여 있는 간판이 눈에 띈다.
4 그린스 커피 로스터 한쪽에 마련되어 있는 배전실.
5 사이펀으로 내린 그린스 커피 로스터의 커피.

주소 神戸市中央区元町高架通 3-167
전화 078-332-3115
영업 오전 11시~오후 5시 (현재는 원두만 판매)
휴일 매주 화요일
위치 한신고베본선 모토마치역에서 하차, 도보로 3분
홈페이지 http://www.greens-kobe167.jp

파티스리 그레고리 컬렛

호텔 출신 파티시에들이 만드는
고급스러운 스위츠

파티스리 그레고리 컬렛을 처음 만난 것은 동경제과학교 2학년 무렵 간사이 케이크 메구리를 갔을 때였다. 돌이켜보면 그때는 그저 친구들을 따라 어리바리하게 돌아다니기만 했던 것 같다. 오랜만에 파티스리 그레고리 컬렛을 찾아가니 주문한 케이크가 나오면 감탄사만 연발하며 입안에 주워 넣기에 바빴던 철부지 예비 파티시에였던 추억의 시절이 새록새록 떠올랐다.

파티스리 그레고리 컬렛은 양과자의 도시라고 불릴 만큼 역사가 깊은 고베에서 프랑스식 전통과자를 13년 동안 소개해온 연륜 있는 파티스리다. 1995년 고베 대지진으로 고베 시내가 폐허가 되었던 그때, 몸과 마음에 깊은 상처를 입은 고베 시민들에게 용기를 북돋워주기 위해서 현재의 그레고리 컬렛의 오너는 당시 프랑스 니스의 최고급 호텔인 네그레스코의 제과장이었던 그레고리 컬렛에게 도움을 요청했다고 한다. 요청 속에 스며 있는 지극한 뜻에 감동한 그레고리 컬렛은 1997년 일본을 방문하고 난 뒤 이듬해, 아예 자신의 이름을 내건 파티스리를 고베에 오픈하기로 한다. 그것이 파티스리 그레고리 컬렛의 시작이다.

그레고리 컬렛 셰프는 스물다섯 살이라는 어린 나이에 프랑스 니스에

서 호텔 제과장으로 일하며 유명세를 탔다. 현재 파티스리 그레고리 컬렛에는 그레고리 컬렛 셰프와 같은 호텔 출신인 로사 패트릭 네그레스코 총제과장이 2대 파티시에로 활동 중이다. 파티스리 그레고리 컬렛의 스위츠는 호텔 출신 파티시에들의 손끝에서 만들어지는 만큼 고급스러운 분위기를 풍기는 스위츠들이 많은 것이 특징이다.

특히 진한 헤이즐넛 시트 안에 부드러운 크림 브륄레를 넣고 초콜릿 무스로 감싼 앱솔루라는 초콜릿케이크는 파티스리 그레고리 컬렛의 인기 제품이다. 마스카르포네 치즈 무스 안에 달콤한 밀크초콜릿 크림과 절인 서양배를 넣은 블랑슈, 최고급 초콜릿 브랜드 중 하나인 발로나의 지바라라테라는 밀크초콜릿을 넣어 만든 바삭한 밀푀유 지바라도 추천하고 싶은 제품이다.

그밖에도 프랑스식 마시멜로인 기모브, 티푸드로 적합한 아기자기한 프티 가토 등 호텔 제과 특유의 섬세함이 살아 있는 다양한 스위츠를 비싸지 않은 가격에 맛볼 수 있다는 점이 파티스리 그레고리 컬렛의 장점이라고 생각된다.

고베 시민들의 다친 마음을 어루만져주기 위해 세워진 창립 철학을 지금까지 이어가고 있는 그레고리 파티스리 컬렛을 보며 달콤한 스위츠가 몸과 마음이 지친 사람들에게 큰 힘과 위로가 되어줄 수 있다는 사실을 새삼 깨닫게 됐다.

주소 神戶市中央区元町通 3-4-7
전화 078-326-7511
영업 오전 10시~오후 7시 30분
휴일 매주 수요일
위치 한신고베본선 모토마치역 하차, 모토마치 상점가에 위치
홈페이지 http://www.gregory-collet.com

파티스리 그레고리 컬렛의 베스트 제품

앱솔루 Absolu (￥525)

파티스리 그레고리 컬렛에서 가장 인기 있는 제품이다. 진한 카카오 향이 나는 쌉싸래한 맛의 초콜릿 무스 안에 부드러운 크림 브륄레와 헤이즐넛 다쿠아즈로 맛의 포인트를 주었다.

밀푀유 지바라 Mille-feuille jivara (￥630)

세계적인 초콜릿 브랜드 발로나 사에서 판매하는 '지바라라테'라는 밀크초콜릿을 사용해 만든 크림을 올린 바삭한 식감의 밀푀유다. 식감뿐만 아니라 우아한 초콜릿 장식이 올라간 모습이 흡사 예술품 같기도 한 디저트다.

블랑슈 Blanche (￥525)

마스카르포네 치즈 무스 안에 통가빈(tonka bean, 아몬드와 비슷하게 생긴 검은 콩으로 고소한 향이 난다)과 밀크초콜릿 크림, 캐러멜라이즈화한 서양배가 들어 있어 부드러움의 극치를 경험할 수 있게 해준다.

KOBE Marshmallow Roman

고베 마시멜로 로망

일본 최초의
수제 마시멜로 전문점

일본의 스위츠 트렌드를 아는 가장 쉬운 방법은 서점에 가는 것이다. 세 차례에 걸쳐 일본 스위츠숍 취재를 가는 동안 나는 시간이 날 때마다 틈틈이 서점에 들러 관련된 책들을 보았다. 그러던 중 한동안 마시멜로에 대한 책들이 많이 진열되어 있는 것을 보고 신기해 했던 기억이 난다.

    어릴 때부터 단것을 좋아하는 편은 아니었지만 파티시에 공부를 하면서 케이크나 초콜릿처럼 달달한 것들의 맛을 음미할 수 있게 됐다. 하지만 유독 입에 착 달라붙지 않았던 것이 있었으니 바로 마시멜로. 찐득찐득한 식감 때문에 꺼려하던 디저트였기에 큰 관심을 주지 않았던 마시멜로.

    게다가 서양에서는 아이들을 위한 대중간식인데 반해 우리나라나 일본 같은 동양에서는 마시멜로라는 것 자체가 알려진 지 그다지 오래되지 않았기 때문에 마시멜로 애호가들이 많지 않을 거라고 생각했다. 마시멜로를 만드는 기술도 쿠키나 케이크 베이킹과는 달리 사람들의 관심을 끌기에는 조금 부족한 면이 있다는 편견도 있었던 터였다. 그런데 서점에 그렇게나 많은 마시멜로 레시피북이 있는 것이 아무래도 신기했다. 하지만 관심이 덜한 만큼 크게 주목하지 않고 넘어간 것은 당연지사.

    그런데 얼마 후 간사이 지방의 스위츠숍 취재를 위해 웹사이트를 돌아

다니다가 뜻밖의 재미난 정보를 발견하게 됐다. 고베에 유명한 수제 마시멜로 전문점이 있다는 사실이었다. 그 가게에서 파는 제품이라고는 오로지 마시멜로뿐임에도 세간의 이목을 집중시키며 언론에까지 소개가 된 유명한 곳이라니! 그제야 나는 도대체 어떤 맛을 가진 마시멜로이길래 이렇게까지 사람들이 열광하는지 궁금해졌다.

고베 마시멜로 로망은 고베 시민들과 관광객들이 많이 찾는 번화가이자 멋진 상점들이 늘어서 있는 모토마치 상점가 한구석에 있다. 모토마치 상점가 한쪽에는 차이나타운으로 향하는 좁은 골목이 있는데 이 골목길에서 주의를 기울이지 않으면 그냥 지나칠 수 있는 곳에 고베 마시멜로 로망이 위치해 있었다.

홈페이지에서 가게 외관을 찍어 올려놓은 사진을 보고 가지 않았다면 쉽게 찾기가 매우 어려웠을 만큼 작고 아담한 가게였다. 후미진 곳에 있는데에도 불구하고 그 흔한 간판 하나 달아놓지 않아 초행길인 사람들에게는 전혀 눈에 띄지 않았다.

병아리처럼 샛노란 작은 문을 열고 들어가면 향긋한 열대과일의 향이 코끝에 스친다. 새콤달콤한 향기가 후각을 자극해준다면, 하늘색으로 칠해진 건물 내벽과 심플한 노란색 수납장으로 꾸며진 아기자기한 실내는 눈을 즐겁게 해준다. 어른 세 명이 서면 꽉 찰 정도로 가게 안은 비좁지만 앙증맞은 인테리어와 쇼케이스 안에 들어 있는 컬러풀한 마시멜로에 눈길이 팔려 답답하다는 생각도 잊게 됐다. 쇼케이스 옆에는 꼬챙이에 끼운 마시멜로가 어릴 적 좋아했던 막대사탕처럼 둥근 스티로폼에 꽂혀 있었

는데, 꼬챙이에 꽂혀 있는 이 마시멜로가 화제의 중심에 서 있는 그 마시멜로, 즉석에서 바로 구워주는 마시멜로다.

고베 마시멜로 로망의 오너 셰프인 구보 리츠코 셰프는 나처럼 마시멜로를 그다지 좋아하지 않았다고 한다. 그러던 어느 날 어린 시절 캠핑장에서 구워 먹던 마시멜로에 대한 추억 때문에 마시멜로 가게를 찾았지만 도통 찾을 수 없었다고 했다. 그때 마시멜로 가게를 틈새시장이라고 생각하고 숍 오픈 준비에 들어갔다고 했다. 대단한 용기이자 번뜩이는 비즈니스 감각이지 싶었다.

그녀는 계란흰자를 사용하지 않는 전통적인 기모브 guimauve. 프랑스식 마시멜로를 만드는 방식에 설탕 양을 줄이는 방법을 통해 자신만의 레시피를 개발했다. 고베 마시멜로 로망에서는 계란흰자 대신 젤라틴을 사용하기 때문에 계란 알레르기가 있는 사람들도 마시멜로를 부담 없이 즐길 수 있고, 콜라겐이 듬뿍 들어 있어 여성들의 피부에도 좋다고 한다. 여행객들에게는 부담스럽지 않은 좋은 선물이 될 수도 있고, 현지 사람들에게는 결혼식 답례품이나 밸런타인데이, 화이트데이 같은 연인들의 기념일을 위한 선물로도 손색이 없으니 생각보다 판로도 넓다. 한두 개 사서 먹는 이들보다 선물용으로 사는 사람들이 더 많은 편이라 고베 마시멜로 로망에서는 맛이 다른 마시멜로 여덟 개를 상자에 넣어 선물 세트로도 판매하고 있다.

고베 마시멜로 로망은 마시멜로 전문점답게 과일 마시멜로를 비롯해 녹차, 커피, 얼 그레이, 코코아, 패션후르츠 등을 사용해 만든 열 가지 이

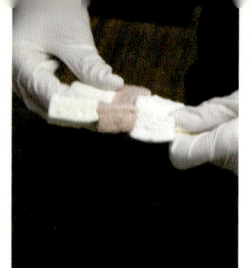 

상의 마시멜로를 판매하고 있다. 그중에서도 플레인(기본), 레몬맛, 딸기맛 세 가지 마시멜로로 구성된 세트가 한자리에서 맛보기에는 제일 적절하다. 고베 마시멜로 로망의 마시멜로는 주문이 들어오면 그 자리에서 직접 토치로 구워 주는 것이 포인트다. 살짝 구워진 마시멜로는 입안에 넣자마자 그 자리에서 스르륵 녹아내린다. 좀 더 색다른 맛을 원한다면 홍차에 레몬맛 마시멜로를 설탕 대신 넣어 레몬티처럼 즐기는 방법도 있다.

고베 마시멜로 로망을 방문하던 날, 이곳의 마시멜로를 맛보러 온 수많은 손님들 때문에 촬영과 인터뷰는 어렵게 진행이 됐다. 하지만 쿠보 셰프가 손수 구워주는 마시멜로를 먹을 수 있었던 그 시간은 내가 마시멜로를 별로 좋아하지 않는 사람이 맞나 싶을 만큼 달콤했던 시간으로 기억된다. 취재를 마치고 구보 셰프가 넉넉한 인심을 가득 담아 챙겨준 마시멜로를 한아름 안고 나오던 순간의 행복은 또 어찌 잊을까. 여전히 마시멜로는 나의 베스트 디저트로 손에 꼽히지는 못하지만, 입안이 얼얼할 만큼 진한 달콤함이 그리울 때면 고베 마시멜로 로망에서 맛보았던 마시멜로를 떠올려본다.

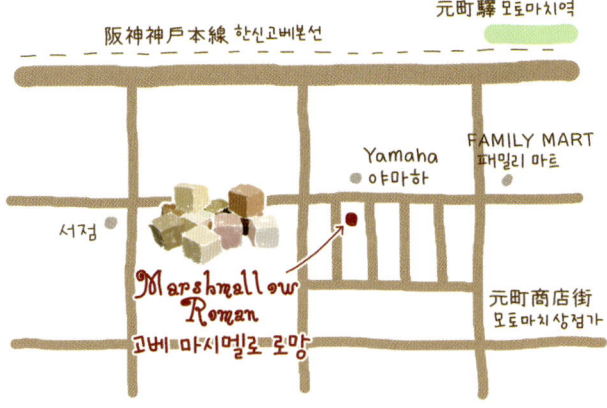

주소 神戸市中央区元町通 2-3-2 ジェムビル
전화 078-334-6708
영업 오전 11시~오후 7시 (당일 준비된 제품이 모두 판매되면 일찍 문을 닫음)
휴일 매달 첫째주, 셋째주 수요일
위치 한신고베본선 모토마치역에서 하차, 모토마치 상점가와 차이나타운 사이의 좁은 골목길에 위치
홈페이지 http://www.kobe-roman.com

미카게 다카스기

화려한 쇼트케이크와
품격 있는 서비스가 인상적인 곳

오래된 항구도시인 고베는 일본의 어떤 도시보다 일찍 외국의 문화와 음식을 받아들인 곳이다. 덕분에 양과자 기술도 다른 곳보다 일찍 자리를 잡아 고베의 베이커리나 스위츠숍들은 수준 높은 제품들을 선보이고 있다. 특히 바게트나 크루아상을 비롯해 다양한 빵과 디저트의 천국인 프랑스의 영향을 받은 스위츠숍들이 많다. 미카게 다카스기도 프랑스 전통과자를 선보이는 스위츠숍 중 한 곳이다.

   미카게 다카스기는 가게 이름에서 알 수 있듯 한큐고베본선의 미카게 御影역 근처에 있다. 미카게역으로 향하는 전철 안에서 창밖을 바라보면 고베의 유명 관광지인 롯코御影산과 인접해 있는 덕분인지 계속해서 이어지는 산의 굴곡진 모습이 참 아름답다. 능선의 아름다움을 즐기며 약 10여 분 정도 한큐고베본선을 타고 가다보면 고베 시내와는 다른 분위기의 미카게가 나온다. 미카게는 기분 좋은 바람과 따뜻한 햇살이 가득한 오밀조밀한 마을이다. 롯코산의 능선이 마을을 둥그렇게 감싸고 있어 안정감과 따뜻함이 느껴지는 마을이다.

   미카게 다카스기는 입맛 까다로운 간사이 지방의 스위츠 팬들을 사로잡아 현재 오사카의 우메다梅田 지점을 비롯해 5개 지점을 운영할 정도로

그 맛을 인정받고 있는 곳이다. 우리가 찾은 곳은 본점으로 미카게역과 매우 가까운 곳에 있어 쉽게 찾아갈 수 있었다.

가게 문을 열고 들어서자 넓게 탁 트인 실내 공간과 제철과일을 한껏 사용하여 만든 화려한 모양의 케이크들이 들어 있는 쇼케이스가 한눈에 보였다. 내부에는 영국풍의 고풍스러운 가구를 두어 홍차와 함께 오후의 티타임을 즐기기에 손색없는 분위기였다. 산등성이에서 불어오는 산뜻한 산바람을 즐길 수 있는 테라스석도 있어 눈여겨두었다. 이런 1층의 여유로운 분위기는 예고편이었다.

2층으로 올라가니 더욱 고급스러운 영국식 응접실이 우리를 맞이했다. 커다란 창을 통해 여과 없이 들어오는 햇살이 하얀 가구들을 비추어 마치 유럽의 카페에 들어온 듯한 기분이 들었다. 카페 내부를 화려하고 고급스럽게 연출한 까닭은 고급 주택이 많은 미카게 지역의 고객 취향에 맞춘 것이라고 한다.

화사한 실내 분위기에 어울리게 미카게 다카스기의 케이크는 화려한 데코레이션을 자랑한다. 손님들이 디저트 접시를 꾸미는 과정을 볼 수 있도록 주방을 공개해 안전한 먹을거리를 판매한다는 믿음을 가질 수 있게 한 것도 특색이다.

딸기가 한창 제철일 때 방문한 우리는 프랑스 전통과자인 밀푀유를 비롯해 미카게 다카스기의 대표적인 쇼트케이크들을 주문했다. 고급스러운 접시에 올려진 케이크들은 다양한 제철과일과 잼으로 꾸며져 서빙되었다. 비스퀴 제누아즈에 딸기소스와 생크림을 넣어 만든 사각 쇼트케이크 가

토 오 프레즈, 진한 벌꿀의 풍미를 살린 무스에 견과류와 말린 체리를 넣고 아몬드 비스퀴로 맛을 낸 무스 오 미엘은 당시 맛본 쇼트케이크 중 가장 완성도 높은 케이크였다.

오븐에서 갓 나온 파이에 부드럽고 진한 커스터드 크림을 발라 만든 밀푀유 오 프루트는 다소 비싸기는 하지만, 다양한 제철과일과 함께 먹을 수 있어 브런치로 부족함이 없었다. 미카게 다카스기의 스위츠들은 원래 가격에 200~300엔 정도를 더 지불하면 카페에 앉아 친절한 서빙을 받으며 더욱 여유 있게 즐길 수 있다. 케이크 한 조각일지라도 하나의 완성된 요리로 즐길 수 있도록 식사용 나이프와 포크 등을 제공해 테이블을 완성도 있게 채워준 것도 인상적이었다. 덕분에 미카게 다카스기에서는 다른 스위츠숍에서는 느끼지 못했던 귀빈으로 대접받는 듯한 우쭐한 기분을 느낄 수 있었다.

고베를 떠나기 전에 마지막으로 디저트 만찬을 즐기고 싶은 여행자들에게 미카게 다카스기에서 품격 있는 테이블을 꼭 경험해보라고 권하고 싶다.

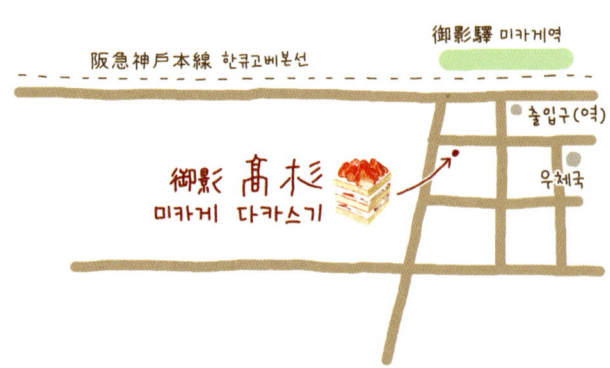

주소 神戶市東灘区御影 2-4-10-201
전화 078-811-1234
영업 오전 10시~오후 8시
휴일 부정기 휴무
위치 한큐고베본선 미카게역에서 도보로 2분
홈페이지 http://www.mikage-takasugi.com

미카게 다카스기의 베스트 제품

밀퓌유 오 프루트
Mille-feuille aux fruits (￥788)

오븐에서 바삭하게 구워져 나온 밀퓌유에 부드럽고 진한 커스터드 크림을 바르고, 딸기, 키위, 자몽, 오렌지 등 화려한 색감의 과일들로 장식한 과일 곁들임 밀퓌유다.

가토 오 프레즈 Gâteau aux fraies (￥578)

밀가루가 가진 본래의 맛을 잘 살려 만들어낸 비스퀴 제누아즈 시트에 딸기 소스, 생크림, 생딸기를 차곡차곡 잘 쌓아 올려 만든 쇼트케이크다. 예쁜 접시 위에 조각낸 과일을 가니쉬로 올려 장식성을 더욱 살렸다.

무스 오 미엘 Mousse au miel (￥473)

진한 꿀의 풍미를 살린 허니 무스에 아몬드, 호두 등의 견과류와 말린 체리를 넣은 뒤 아몬드 비스퀴 위에 켜켜이 쌓아 만든 무스 케이크다. 견과류와 말린 과일 때문에 입안에 넣었을 때의 식감이 살아 있다.

오늘의 디저트 Today's dessert (￥1,050)

미카게 다카스기의 대표 디저트 세 종류를 한 접시에 담아 다양한 맛을 느낄 수 있는 디저트 세트다. 오늘의 디저트에 포함되는 스위츠들은 매일 바뀌므로 점원에게 꼭 확인하고 주문하도록 한다.

KANNONYA

칸노야

새로운 발상으로 재탄생한
덴마크 치즈케이크

고베 관광에서 빼놓을 수 없는 곳을 딱 한 군데를 꼽으라면 하버랜드 Harborland가 아닐까 싶다. 하버랜드는 다양하고 아기자기한 상점과 레스토랑이 있는 대규모 쇼핑 단지로 간사이 지방에 여행을 오는 관광객들이 꼭 들르는 유명한 곳이다. 하버랜드는 '모자이크Mosaic'라는 이름의 쇼핑 단지, 포트타워, 고베해양박물관이 연출해내는 야경이 아름다운 곳이기도 하다. 간사이 지방의 스위츠숍 취재에는 고베국제관광문화국 담당자의 도움이 컸는데, 고베는 처음이었던 나에게 담당자가 고베 하버랜드에 아주 유명한 스위츠숍이 있다며 적극 추천해준 곳이 있었다. 바로 덴마크 치즈케이크 전문점 칸노야다.

　당시에는 스위츠숍에서 가장 흔히 먹을 수 있는 있는 케이크가 치즈케이크인데 그 흔하디 흔한 치즈케이크가 뭐가 특별할까 싶어 소개까지 해주나 싶었다. 머릿속에 그런 생각을 담고 찾아간 하버랜드는 정말 안 왔으면 큰일날 뻔했다는 생각이 들만큼 인상적이었다. 고베 하버랜드의 첫인상은 도쿄의 오다이바 お台場, 도쿄에 위치한 쇼핑 타운. 대관람차로 유명하다를 떠올리게 했다.

　하버랜드의 좁은 골목 구석구석에는 다양한 소품들을 파는 가게들이

즐비한데 내가 가려던 칸노야는 가게 앞에 강렬한 빨간색의 덴마크 국기가 걸려 있어 비교적 쉽게 찾을 수 있었다. 칸노야의 치즈케이크는 워낙 유명세를 타서 이름난 연예인들도 고베에 들르면 선물로 꼭 사갈 정도라고 한다. 그래서인지 가게 앞에는 칸노야에서 치즈케이크를 사간 연예인들의 사인과 사진을 걸어놓은 홍보 간판도 있었다. 하지만 그게 전부였다.

간판과 덴마크 국기 말고 내 눈에 보이는 것은 심플하게 치즈케이크만 들어 있는 작은 쇼케이스 뿐이었다. 순간 '이게 전부란 말인가?' 싶은 생각이 스쳤다. 분명히 덴마크 치즈케이크를 파는 카페가 있을 거라고 소개를 받았는데……. 결국 한참을 당황하며 쇼케이스 앞에서 서성거리기만 했다.

다행히 쇼케이스 근처를 지나가던 카페 매니저의 안내 덕분에 작은 쇼케이스가 있는 곳은 테이크아웃용 주문만 받는 곳이라는 사실을 알게 됐고, 발걸음을 옮겨 옆으로 가니 전혀 생각지도 못한 크고 화려한 카페가 있었다. 카페 내부는 바다를 향해 큰 창을 두어 고베의 명물인 고베타워와 고베의 아름다운 야경을 즐길 수 있도록 만들어져 있었다.

매니저에게 우리가 취재차 왔다는 것을 미리 말하자 그는 사진을 찍을 계획이라면 테이블 세팅을 다 마친 뒤 따로 불러달라고 친절히 안내를 해주었다. 칸노야의 치즈케이크는 따뜻할 때 먹어야 맛있게 먹을 수 있다며 꼭 그 순간을 촬영해주길 바란다고 덧붙이면서 말이다. 보통의 치즈케이크는 냉장고에 보관한 뒤 치즈가 흐물대지 않고 단단하게 뭉쳐 있을 때 먹는 것이 일반적인데, 따뜻한 치즈케이크라고 하니 그 독특함에 촬영 전부

1975년부터 판매해온 칸노야의 덴마크 치즈케이크. 커피를 곁들인 세트메뉴는 700엔.

터 은근히 기대가 되었다.

 이윽고 매니저가 서빙해 온 칸노야의 치즈케이크는 내 손바닥보다 조금 작은 사이즈의 스펀지케이크 위에 치즈를 올려 살짝 녹인 것이었다. 칸노야의 치즈케이크 위에 올리는 치즈는 덴마크산 치즈인데 덴마크 현지에서 먹는 치즈는 냄새가 심한 편이어서 일본인들의 식성에 맞추어 숙성이 조금 덜 된 치즈를 스펀지케이크 위에 얇게 저며 올린다고 한다. 먹기 직전에는 오븐에서 3~5분 정도 데워야 맛있다고 한다. 그렇게 오븐에서 갓 데워낸 치즈케이크를 한입 베어 물면 마치 피자를 먹을 때 피자치즈가 쭉 늘어나는 것처럼 토핑된 치즈가 늘어난다.

 치즈케이크만 먹었을 때의 느끼함을 덜기 위해서는 커피를 함께 주문하는 것이 좋다. 칸노야에서는 덴마크 치즈케이크와 커피를 함께 즐길 수 있는 세트 메뉴가 따로 마련되어 있다. 혼자서만 맛보기 아까운 분들을 위해 선물 세트도 판매 중인데 냉장보관을 하면 길게는 일주일 정도 보관이 가능하다고 한다.

 스펀지케이크에 치즈를 토핑한 치즈케이크. 부드러운 치즈케이크가 아니라 쫀쫀한 맛이 있는 치즈케이크. 이 특색 있는 치즈케이크가 유난히 맛있게 느껴진 것은 고베 하버랜드의 시원한 바닷바람을 느끼며 먹었기 때문은 아닐까 싶다.

주소 神戸市中央区東川崎町 6-1
전화 078-360-1537
영업 오전 11시~오후 10시 (월~목요일, 일요일)
　　　 오전 11시~자정 12시 (금~토요일)
휴일 연중무휴
위치 가이간선 하버랜드역 하차, 모자이크 빌딩 1층에 위치
홈페이지 http://www.kannonya.co.jp

카시스 패트리

우유로 만든 고소하고 달콤한
밀키시 잼과 스위츠들의 조화

카시스 패트리는 고베 피오나 호텔 1층에 위치해 오랫동안 고품격 스위츠의 맛을 이어온 파티스리다. 호텔 1층에 위치해 있다고 하면 왠일인지 크고 화려할 것만 같지만 카시스 패트리는 유서 깊고 고풍스러운 저택처럼 차분하고 편안한 분위기로 가득했다.

카시스 패트리는 케이크나 쿠키보다 캐러멜 잼 특히 '밀키시 잼'이 유명하다. 이곳에서 판매하는 케이크들은 대부분 캐러멜 잼이 케이크 시트에 발라져 있거나 찍어 먹을 수 있도록 별도의 가니쉬로 올려지는 등 다양하게 활용되고 있다.

그 때문인지 카시스 패트리에 들어서면 쇼케이스에 있는 케이크들보다 더욱 먼저 눈에 들어오는 것이 가게 한쪽을 차지하고 있는 캐러멜 잼 진열대다. 진열대에는 곰돌이 푸가 좋아하던 꿀단지를 연상시키는 작고 오동통하게 생긴 유리병에 담긴 색색의 과일 잼과 지금의 카시스 패트리를 유명하게 만든 밀키시 잼이 가득 올려져 있다.

밀키시 잼은 우유를 사용해 만든 고소하면서 달콤한 잼인데 2007년부터 2009년까지 3년 연속으로 몽드 셀렉션 Monde Selection에서 국제우수품질상을 차지한 제품으로 카시스 패트리의 파티시에 다나카 아키토 오너

셰프의 작품이다. 참고로 몽드 셀렉션은 1961년부터 벨기에서 열려온 주류 및 식품 경진대회로 제품의 기술적인 수준을 심사해 순위를 정하고 인증하는 국제적인 대회다.

다나카 셰프가 밀키시 잼을 만들게 된 것은 매우 소박한 생각에서 비롯되었다. 호텔 안에 입점해 있는 파티스리의 특성상 호텔에 숙박한 손님들이 여행을 기념할 만한 선물을 사가지고 가면 좋겠다고 생각을 했던 것이 제품 개발의 계기라고 한다. 그즈음 우연하게도 친분이 있는 요리 잡지사의 편집장으로부터 잼에 대한 특집 기사를 실을 예정이니 카시스 패트리를 대표하는 잼 하나를 보내달라는 요청을 받았고, 별 뜻 없이 개발 중이던 잼을 보냈던 것이 큰 주목을 받아 국제대회의 인증까지 받게 된 것이라고 한다.

현재 판매되고 있는 밀키시 잼은 초기의 제품에서 더욱 발전시켜 유지방률이 높은 홋카이도산 우유와 연유, 타히티산 바닐라를 섞어 동으로 만든 냄비에서 오랜 시간 끓여 만든 뒤 예쁜 병에 넣어 판매하고 있다. 밀키시 잼을 만들 때 주의할 점은 끓이는 동안 밑부분이 졸아들지 않도록 천천히 저어주는 것이라고 한다.

나는 밀키시 잼을 사용한 카시스 패트리의 대표적인 스위츠를 주문해 먹어보았다. 잼과 잘 어울리는 과일인 바나나를 사용해 달콤함을 더한 무스케이크 밀키시와 바나나 무스, 시칠리아산 아몬드와 피스타치오, 헤이즐넛, 잣 등 네 가지 견과류에 밀키시 잼을 섞어 만든 웰빙 타르트 넛츠와 밀키시 잼 타르트는 밀키시 잼과 더불어 꾸준하게 판매되고 있는 카시스

패트리의 인기 제품이다. 맨 윗부분을 캐러멜처럼 쫀득하게 만들고 아래에는 바닐라 무스와 초콜릿 무스를 2단으로 나누어 바른 무스케이크 산마르크도 추천하고 싶다.

그러고 보니 우연한 기회에 유명세를 타게 된 밀키시 잼과 이 잼을 만든 다나카 셰프에게는 공통점이 있다는 생각이 들었다. 눈에 띄는 특별함으로 단번에 사람들의 눈길을 사로잡은 것은 아니지만 성실함과 꾸준함으로 정상에 오른 내공이 바로 그것이다. 이런 파티시에의 검박한 성품을 닮아서인지 카시스 패트리는 호텔 안에 입점한 파티스리임에도 불구하고 호사스럽기보다는 조용하고 편안하다. 좋은 사람과 늦은 오후 시간에 따뜻한 커피를 마시면서 소소한 수다를 나누기에 더없이 좋은 곳, 바로 카시스 패트리다.

1 오고 가는 손님들이나 호텔 투숙객들이 밀키시 잼을 맛볼 수 있도록 작은 시식 코너를 마련해두었다.
2 카시스 패트리에서는 밀키시 잼 이외에도 각종 과일을 이용해 만든 수제 마멀레이드와 잼을 판매하고 있다.
3 '미루쿠마짱과 밀키시 잼 세트'라는 이름의 선물 세트. 곰돌이 모양의 파운드케이크와 밀키시잼을 함께 판매 중이다.
4 카시스 패트리의 간판제품 밀키시 잼의 3년 연속 몽드 셀렉션 수상을 알리는 홍보자료.
5 밀키시 잼을 다양하게 응용해 먹는 방법을 적어놓은 안내문.

주소 神戸市中央区二宮町 4-20-5 ホテルピエナ神戸 1F
전화 078-272-3366
영업 오전 10시~오후 6시 (마지막 주문은 5시 30분까지)
휴일 연중무휴
위치 한신고베본선 산노미야역에서 도보로 약 7분
홈페이지 http://www.kashis-patrie.com

카시스 패트리의 베스트 제품

밀키시 잼 ミルキッシュ ジャム (￥630)

2007년부터 2009년까지 몽드 컬렉션에서 3년 연속 국제우수품질상을 차지한 카시스 패트리의 대표 제품이다. TV를 비롯해 다양한 매체에서 소개된 덕분에 전국적으로 유명세를 떨치고 있는 제품이다.

넛츠와 밀키시 잼 타르트
ナッツとミルキッシュジャムのタルト (￥480)

아몬드, 피스타치오, 헤이즐넛, 잣 등 견과류 하면 대표적으로 떠오르는 네 가지 재료를 밀키시 잼과 섞어 타르트 반죽 위에 올려 구워냈다. 네 종류의 견과류가 선사하는 씹는 즐거움이 큰 웰빙 타르트다.

밀키시와 바나나 무스
ミルキッシュとバナナのムース (￥470)

카시스 패트리의 시그니처 제품인 밀키시 잼을 활용한 바나나 무스케이크다. 피안티뉴를 부숴 넣어 씹는 맛을 더한 바나나 무스케이크에 작은 구멍을 뚫어준 뒤 밀키시 잼을 넣어 심플하지만 강한 달콤한 맛이 느껴지는 디저트를 완성했다.

산마르크 サンマルク (￥380)

부드러운 바닐라 무스 크림과 달콤한 초콜릿 무스 크림을 2단으로 층층이 바른 뒤, 시트의 맨 윗면을 캐러맬라이즈화 하여 쫀득한 느낌을 살린 무스케이크다.

미우

아름다운 사람들이 만드는
정갈하고 단정한 스위츠

도쿄와 간사이 지방의 스위츠숍을 취재하면서 느낀 것은 도쿄의 스위츠들이 유럽의 영향을 많이 받은 반면, 간사이 지방의 스위츠들은 기본적인 양과자 제조방식은 충실히 따르면서도 동시에 일본 특유의 문화를 녹여 낸다는 점이었다. 그것은 아마도 밀려오는 서양 문물 속에서 자신들의 고유함을 잃지 않으려 했던 그들의 노력이 지금도 이어지기 때문은 아닐까.

고베 지역의 스위츠숍 중 가장 마지막으로 찾아간 곳은 구거류지旧居留地에 있는 미우라는 곳이다. 미우는 양과자를 판매하는 파티스리지만 전통적인 콘셉트를 놓치지 않고 있는 곳이다. 앞에서도 언급했지만 고베는 일본에 서양 문물이 들어오는 관문이었던 만큼 구거류지라고 불리는 외국과의 교역이 허가된 특수지역이 있었다. 지금으로 말하자면 경제자유구역 정도가 되겠다. 교역이 자유로웠던 만큼 대일무역을 하던 외국인들이 많이 거주했기 때문에 이곳에는 서양식과 일본식이 조화를 이룬 독특한 건물들이 많은 편이다. 지금도 구거류지에는 번영했던 과거의 한때를 그대로 재현하고 있는 듯한 유명 백화점과 명품숍들이 모여 있다.

미우는 도심의 중심에서 한 블럭 들어간 뒷골목에 위치해 있어 가게 앞이 비교적 한산한 편이다. 하지만 가게 문을 열고 들어서자 바깥의 조

용한 분위기와는 정반대로 매장에서 순번을 기다리는 사람이 있을 정도로 북적거렸다.

　1층에는 케이크들이 들어 있는 쇼케이스를 비롯해 쿠키와 파운드케이크로 구성된 선물 세트를 진열해둔 매대가 있다. 계단을 따라 올라가면 나오는 2층 카페에는 근처 다이마루 백화점에서 쇼핑을 마친 사람들이 친구들과 삼삼오오 모여서 맛있는 케이크 한 조각과 따뜻한 커피 한 잔으로 쇼핑이 끝난 후의 즐거운 피로를 수다로 풀고 있었다.

　화려한 스위츠들에 마음을 뺏긴 나와 동행자는 이날따라 평소보다 많은 양의 디저트를 주문했다. 진한 치즈로 맛을 살린 케이크에 스펀지케이크 가루를 뿌려 부드럽고 촉촉한 맛을 살린 미우의 간판 메뉴 더블유, 두 가지 종류의 설탕을 사용해 만든 캐러멜의 탱글탱글한 맛이 일품인 미우 푸딩, 녹차잎을 센 불에서 두 번 볶아 카페인과 떫은맛을 덜어낸 구수한 호지차와 쌉싸래한 초콜릿의 조화가 인상적인 호지차 가토 쇼콜라는 시작에 불과했다. 신선한 딸기와 화이트초콜릿 소스로 마무리한 타르트, 일본산 딸기에 부드러운 생크림을 더한 기본적인 딸기 쇼트케이크는 우리가 방문한 계절이 한참 딸기 철이었기 때문이었는지 그 맛이 일품이었.

　미우라는 한자를 풀어보면 그 안에 '아름다움(美)', '있다(有)', '사람(人)'이라는 세 가지 뜻이 숨어 있다. 어떤 사람이라도 아름다운 것과 맛있는 것을 대하면 얼굴에 미소를 띠우고 행복이라는 단어를 떠올리는 것처럼 미우가 앞으로도 지금과 같은 아름다운 뜻을 이어가는 파티스리였으면 좋겠다.

주소 神戶市中央区三宮町 2丁目 9-3
전화 078-392-3735
영업 오전 10시 30분~오후 8시
휴일 부정기 휴무
위치 가이간선 구거류지 다이마루마에역에서 하차, 도보 1분
홈페이지 http://www.miu-kobe.com

미우의 베스트 제품

더블유 ダブル (￥525)

미우를 대표하는 간판 제품으로 진한 치즈 맛이 일품인 치즈케이크다. 카스텔라 가루로 마무리를 하여 부드럽고 촉촉한 뒷맛을 남긴다.

미우 푸딩 美侑 プティング (￥315)

두 가지 종류의 설탕을 사용하여 만든 캐러멜과 탱글탱글하고 부드러운 푸딩을 귀여운 유리병에 차례로 담아낸 푸딩이다.

트리플 쇼콜라 トリプル ショコラ (￥504)

다크초콜릿, 밀크초콜릿, 화이트초콜릿으로 만든 세 가지 초콜릿 무스를 진한 색부터 옅은 색 순서로 차곡차곡 쌓아 올린 원형 무스케이크다.

미우 ミウ (￥578)

딸기가 가장 맛있는 계절에만 만들어 판매한다는 과일 타르트다. 우리가 방문했을 때에는 딸기가 제철이었던 덕분에 미우 타르트를 맛볼 수 있는 행운을 놓치지 않을 수 있었다.

sweets shop in Kyoto

{ 양과자와 화과자의 맛이
조화를 이루는 교토의 스위츠숍 }

파티스리 카나에
PÂTISSERIE KANAE

마카롱과 사랑에 빠진
파티시에

동경제과학교는 졸업을 앞둔 마지막 학년이 되면 프랑스, 벨기에, 독일, 오스트리아 등으로 졸업연수 겸 여행을 떠난다. 이 여행은 신청자에 한해서 가는데, 보통은 신청 인원이 정원(30여 명 정도)을 초과한 적이 없어서 신청자들은 모두 별 무리 없이 참가할 수 있었다. 그런데 내가 졸업하던 2006년에는 웬일인지 신청자가 많아 추첨을 하는 일까지 벌어졌다.

유럽 여행은 나중에 혼자서라도 갈 수 있지만 이런 기회가 아니면 유명 과자점이나 에꼴 르 노트르 Ecole Le Notre 같은 유명 요리학교 연수 기회는 쉽게 오지 않을 것 같아서 필사적으로 지원을 했는데 나는 운이 없었는지 추첨에서 떨어지고 말았다. 그런데 천만다행으로 빵과에서 자리가 비어 빵과 팀에 소속되어 함께 프랑스 파리로 떠날 수 있었다. 다른 과에서 결원이 생기면 타과생이 그 자리에 들어갈 수 있었던 덕분이다.

파리행이 결정된 순간부터 나는 부푼 마음을 안고 여행 준비를 시작했다. 담임선생님께서 주신 지도를 보며 파리의 유명 과자점과 블랑제리, 쇼콜라티에의 위치를 익히며 어디를 갈지 계획하는 행복한 시간이었다. 나는 학교에서 준 자료 이외에도 혼자서 여행에 필요한 정보들을 찾아 열심히 정리했다. 동경제과학교를 졸업하면 일본에 언제 다시 올지 모른다는

생각도 들어 여행 준비를 하는 김에 지금까지 마음속으로만 찜해 두고 사지 못한 책들도 사두어야겠다고 생각했다.

쇠뿔도 단김에 빼랬다고 그런 다짐을 하자마자 나는 평소에 자주 가던 신주쿠에 있는 대형서점인 기노쿠니야 서점과 미쓰코시三越 건물 7~8층에 위치한 준쿠도ジュンク堂 서점으로 향했다. 그리고 이곳에서 아주 멋진 책 한 권을 발견했다. 바로 고바야시 카나에라는 파티시에가 쓴 『프랑스로 떠난 스위츠 여행』이라는 책이었다. 이 책은 스위츠의 종류에 따라 챕터를 나누어 프랑스의 유명한 파티스리와 블랑제리를 방문한 감상을 적은 에세이다. 그녀의 책은 프랑스 여행에 대한 기대를 더욱 부풀려 놓았다. 그 책은 지금 내가 쓰고 있는 이 책의 모티브가 된 책이기도 하다. 나는 『스위츠 홀릭의 달콤한 일본 여행』을 쓰면서 이 책의 첫 단추가 되어준 책의 주인공이 운영하는 파티스리를 찾아가지 않을 수 없었다.

고바야시 카나에 셰프가 운영하는 스위츠숍의 이름은 그녀의 이름을 그대로 딴 파티스리 카나에다. 파티스리 카나에는 마카롱이 특히 유명하다. 그래서인지 창문 너머로 제일 먼저 커다란 마카롱 타워가 보인다. 마카롱 타워의 화려함에 이끌려 가게 문을 열고 들어가면 색색의 마카롱과 먹음직스러운 케이크가 들어 있는 크고 긴 쇼케이스가 보인다. 쇼케이스 맞은편에는 여성 파티시에 특유의 감성이 녹아 있는 분홍색 선물 세트와 그녀가 쓴 책들이 진열되어 있다.

교토에서 태어난 카나에 셰프는 대학 시절 일본 코르동 블루에서 아르바이트를 하면서 양과자와 프랑스에 매료되었다고 한다. 대학 졸업 후 3

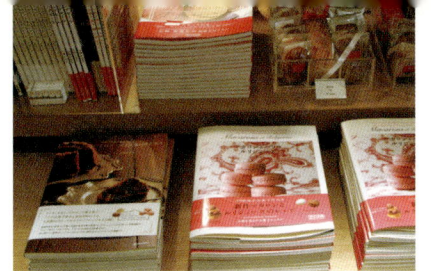

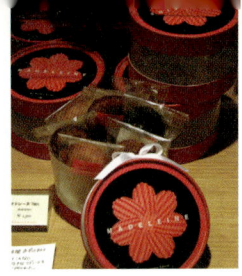

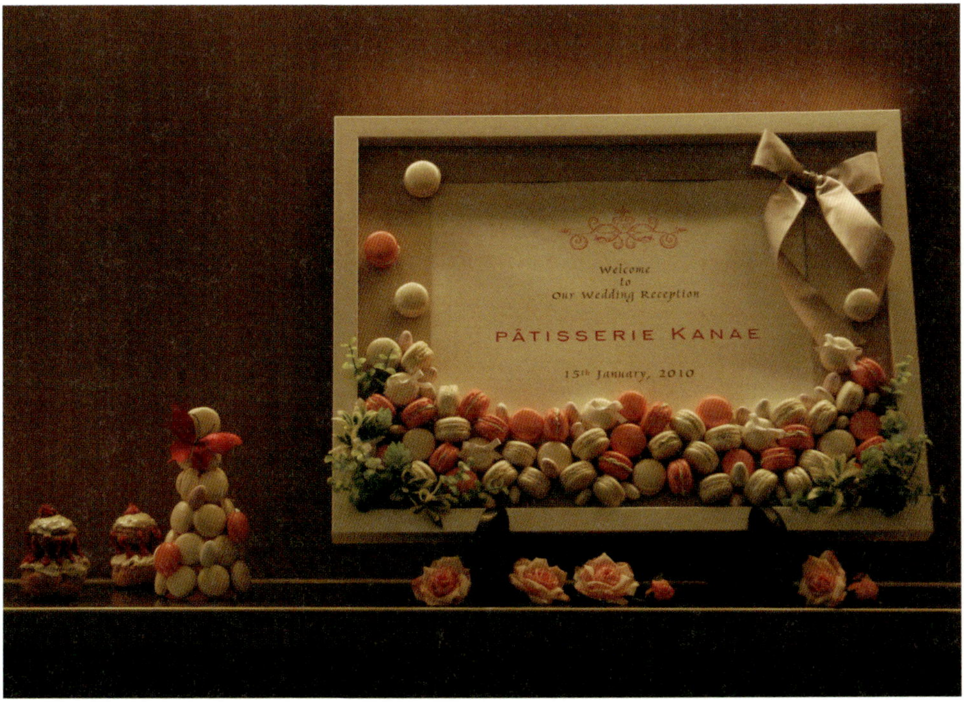
Welcome
to
Our Wedding Reception
PÂTISSERIE KANAE
15th January, 2010

년간 교토 시내의 파티스리에서 일하면서도 프랑스에 대한 로망을 접지 못해 마침내 스물세 살이 되던 해 프랑스 파리행을 결심하게 된다. 그후 요리학교인 에콜 리츠 에스코피에 Ecole Ritz Escoffier 에 입학하여 본격적으로 프랑스 과자와 요리에 대해 공부를 한 뒤 프랑스의 유명 호텔 및 3성급 레스토랑에서 실무 경력을 쌓고 고향인 교토로 돌아온다.

고향에서 가장 먼저 시작한 일은 '프티 셰리 La Petite Chérie'라는 베이킹 클래스를 열어 프랑스에서 배운 베이킹 기술은 물론이고 그 속에 담긴 역사와 프랑스 문화를 많은 사람들에게 전달하는 일이었다. '프티 셰리'는 '작은 아가'라는 뜻의 프랑스어로 파리에서 함께 일했던 동료들이 그녀를 부르던 애칭이라고 한다.

처음에 그녀의 베이킹 교실은 주변의 친구나 지인을 중심으로 한 작은 규모로 이루어졌다. 그랬던 것이 10년이라는 세월 동안 잡지와 신문을 비롯해 본인이 출간한 책 등을 통해 많은 홍보가 되면서 그 규모가 조금씩 커졌다고 한다. 여기에 큰 힘을 얻은 그녀는 2006년, 마카롱을 간판 제품으로 내세운 파티스리 카나에를 오픈한다.

현재 파티스리 카나에에서는 50여 가지 종류의 마카롱을 선보이고 있다. 특히 교토라는 지역적 특성을 살려 녹차를 비롯해 콩가루, 흑깨, 마 등 일반적으로 마카롱의 재료로 사용되지 않은 식재료를 이용한 독특한 마카롱을 생산하고 있다. 파티스리 카나에는 인공색소로 선명한 색을 내는 다른 가게들과는 달리 천연의 맛과 색을 살려 마카롱을 만드는 것이 큰 특징이다. 그 때문에 마카롱의 색깔이 선명하지는 않지만 오히려 그

순하고 여린 색깔이 안전한 먹을거리라는 믿음을 준다. 실제로 맛을 보면 순한 색깔만큼 맛이 자극적이지 않다.

내가 파티스리 카나에에서 먹어본 마카롱은 매우 다양하다. 은은한 장미향을 가진 마카롱 코크 coque. 마카롱의 겉 부분 사이에 장미 풍미의 버터 크림을 바른 로즈 마카롱, 라벤더 풍미의 달콤한 초콜릿 가나슈를 바른 라벤더 마카롱, 진한 녹차 맛을 내는 마카롱 코크 사이에 팥이 어우러진 버터 크림을 바른 말차 마카롱, 상큼한 레몬 과즙이 들어간 마카롱 코크 사이에 초콜릿 가나슈를 바른 시트롱 마카롱 등 자연의 맛이 그대로 살아 있는 마카롱들은 여러 개를 먹어도 질리지 않았다.

이밖에도 파티스리 카나에에는 마카롱을 응용한 스위츠들이 많다. 고소하고 바삭한 타르트에 딸기 크림을 올리고 색색의 마카롱을 올려 장식한 타르트 오 마카롱이 대표적이다. 마카롱 이외에 다른 스위츠를 찾는 손님들을 배려해 바삭한 파이 사이에 딸기 크림과 커스터드 크림을 2단으로 바른 뒤 제철 딸기를 올려 화려하게 디자인한 밀푀유도 맛이 제법이다.

책을 쓰고 있는 지금, 자신의 이름을 내건 가게인 만큼 고객에게 정직하고 성실한 맛을 선보이고자 노력하는 카나에 셰프를 보면서 나 역시 믿고 먹을 수 있는 스위츠를 만드는 파티시에가 되어야겠다는 다짐을 굳게 해본다.

1 진열대에는 구움과자들과 카나에 셰프가 집필한 디저트 레시피 북들이 진열되어 있다.
2 하얀색의 깔끔한 건물 외관. 유리창 너머로 핑크빛 마카롱 타워가 보인다.
3 파티스리 카나에의 쇼케이스.
4 카나에 셰프의 가게와 그녀가 만든 마카롱이 소개되어 있는 책.

주소 京都市中京区河原町蛸藥師東入る
전화 075-212-4771
영업 오전 11시~오후 9시
휴일 연중무휴
위치 한큐교토본선 가와하라마치역에서 도보로 8분

파티스리 카나에의 베스트 제품

라벤더 마카롱
로즈 마카롱
말차 마카롱
레몬 마카롱

마카롱 MACARON (개당 ¥160)

장미 풍미의 버터 크림을 바른 장미 마카롱, 라벤더 풍미의 초콜릿 가나슈를 바른 라벤더 마카롱, 상큼한 레몬 과즙이 들어간 레몬 마카롱, 팥을 넣어 만든 버터 크림이 들어간 말차 마카롱 등 파티스리 카나에에서는 다양한 종류의 마카롱들을 팔고 있다.

타르트 오 마카롱
TARTE AUX MACARON (¥630)

고소하고 바삭한 타르트에 딸기 크림을 올려 색색의 마카롱으로 마무리한 타르트다. 같은 타르트 오 마카롱이라도 사용된 마카롱이 제각기 달라 쇼케이스에서 충분히 잘 보고 골라서 주문해야 한다.

말차 교토 MATCHA KYOTO (¥580)

초콜릿케이크 시트 위에 팥을 넣어 만든 밀크초콜릿 가나슈와 진한 녹차 무스 크림을 차례대로 올려 달콤하면서도 씁싸래한 두 가지 맛을 모두 느낄 수 있게 했다. 장식으로는 미니 말차 마카롱을 올려 앙증맞은 느낌을 더했다.

베리 베리 밀푀유
VERY BERRY MILLE-FILLE (¥630)

바삭하게 잘 구워진 밀푀유에 딸기 크림과 바닐라 향이 진한 커스터드 크림을 2단으로 올려, 보는 즐거움도 함께 선사하는 디저트다. 장식으로는 설탕에 졸여 윤기가 흐르는 딸기를 올려 포인트를 주었다.

Pâtisserie Petit Japonais

파티스리 프티 자포네

소박함의 힘이 무엇인지 보여주는
교토의 아담한 파티스리

굉장히 더웠던 2005년 여름, 나는 동경제과학교 친구들과 함께 간사이 지방의 케이크 맛집을 찾아 짧은 여행을 다녀온 적이 있다. 교토는 그때가 첫 방문이었기 때문에 한 손에는 지도를 들고 설레는 마음으로 교토의 고즈넉한 길들을 헤맸던 기억이 새록새록 하다. 교토는 보통 가을이나 봄에 가는 것이 좋다고 하는데, 더운 여름에 간 탓에 땀도 비오듯 쏟아지고 초행길에 찾아가는 일이 쉽지는 않았다. 그렇게 한참 길을 헤매다가 발견한 집 중 하나가 바로 이번에 소개할 파티스리 프티 자포네다.

'프티 자포네petit japonais'는 프랑스어로 '작은 일본'이라는 뜻이다. 일본 특유의 섬세함과 고요함이 살아 숨 쉬는 교토의 파티스리 이름으로 정말이지 제격이다. 실제로 당시에 내가 찾아갔던 파티스리 프티 자포네는 이름처럼 가게 규모가 매우 작았다. 주위를 자세히 보고 찾지 않으면 그냥 지나칠 법한 외관을 가진 소박한 파티스리였다.

들어가는 입구조차 사람 한 명이 겨우 지나갈 수 있을 정도로 작았던 파티스리 프티 자포네. 흥미로웠던 것은 열 평 남짓한 작은 가게의 3분의 2 이상을 디저트를 만드는 주방이 차지하고 있었던 점이었다. 그 때문에 어른 세 명이 쇼케이스 앞에 서면 가게가 꽉 차고 말았다. 작은 가게 규모

는 오히려 과장하지 않은 진중함으로 다가왔다. 주방이 홀보다 넓다는 사실에서 더 나은 제품을 만들어 선보이겠다는 오너의 고집도 엿볼 수도 있었다.

그때의 좋은 기억이 떠올라 이번에 간사이 지방 스위츠숍 취재 목록에 파티스리 프티 자포네를 꼭 넣어야겠다고 생각하고 다시 한 번 찾아가 보았다. 4년이면 그리 짧은 시간은 아니었기에 어떤 변화가 있지는 않을까 했는데, 역시나 예상대로 파티스리 프티 자포네는 2009년 봄, 교토의 오피스들이 늘어 서 있는 번화가인 시조가라스마 四条烏丸로 이전을 했다. 처음에는 이사했다는 소식을 듣고 손님들이 많아져 좀 더 넓은 곳으로 옮겼겠거니 싶어 살짝 아쉬운 마음이 들기도 했다. 좋은 곳으로 옮긴 것은 축하할 일이지만 왠지 예전에 느꼈던 파티스리 프티 자포네만의 소박함이 사라졌을 것 같았기 때문이다.

새로운 곳에 자리를 잡은 파티스리 프티 자포네는 백화점과 사무실이 즐비한 시조가라스마 대로 뒤편의 좁은 골목에 자리를 잡고 있었다. 교토 특유의 분위기를 풍기는 야트막한 가옥들 사이에 보일 듯 말 듯 있는 것도, 하얀 페인트칠을 한 낡은 나무 입간판도 여전했다. 새롭게 이전한 건물은 증축된 지 40년이 다 되어가는 오래된 2층짜리 목조건물이다. 연한 카키색으로 바깥을 다시 칠하고 진한 갈색의 여닫이문을 만들어 문을 열 때마다 드르륵 하는 정겨운 소리가 나는 것이 마치 옛날로 돌아간 듯한 착각에 빠지게 하는 이곳을 보면서 시간이 흘러도 변하지 않은 소박함에 참 다행이라고 혼잣말을 했다. 예전과 달라진 것이 있다면 2층에 카페 공

간이 마련된 것 정도였다.

    이 소박한 공간을 이끌어 가는 파티스리 프티 자포네의 오너 파티시에 미치에 셰프는 본래 평범한 회사원이었다. 그녀는 손으로 무언가를 만드는 것을 좋아해 취미로 쿠키나 빵을 만들곤 했었는데, 그것을 먹어본 사람들이 행복해 하는 모습이 너무 좋아서 결국 다니던 회사를 그만두고 진로를 바꾸게 되었다고 한다. 정말이지 과감하고 용기 있는 결정! 그 뒤 교토의 유명 스위츠숍과 호텔에서 실무 경력을 쌓고 프랑스 에콜 르 노트르에서 유학한 뒤 2003년 일본으로 귀국해 가게를 열었다고 한다.

    파티스리 프티 자포네는 프랑스 유학 시절 머물던 호텔의 컨시어지에서 전화를 받던 아주머니가 미치에 셰프를 부르던 애칭이라고 한다. 가게를 열 무렵 가게 이름을 어떻게 지을까 고민하던 중 양과자점이긴 하지만 교토의 개성을 느낄 수 있는 재료들을 사용한 일본풍의 가게라는 의도를 전하고 싶다는 생각을 하다 프티 자포네라는 호칭이 떠올랐다고 한다.

    파티스리 프티 자포네를 대표하는 제품은 카시스와 프랑부아즈의 화려하고 상큼한 신맛의 조화가 일품인 미로와르 카시스다. 그밖에도 아담한 크기의 슈 속에 맛있는 생크림을 넣은 슈크림, 부드러운 시부스트 크림 안에 얼 그레이 브륄레를 넣어 입안에 넣는 순간 은은한 홍차 향기가 퍼지는 시부스트, 향긋한 오렌지와 진한 초콜릿의 궁합이 환상적인 코코 란쥬 케이크 등이 파티스리 프티 자포네의 대표 제품이다. 새롭게 오픈한 시조가라스마의 프티 자포네에서는 빵도 함께 판매하고 있었다. 빵으로 만든 샌드위치와 간단한 식사류는 2층 카페 공간에서 즐길 수 있다.

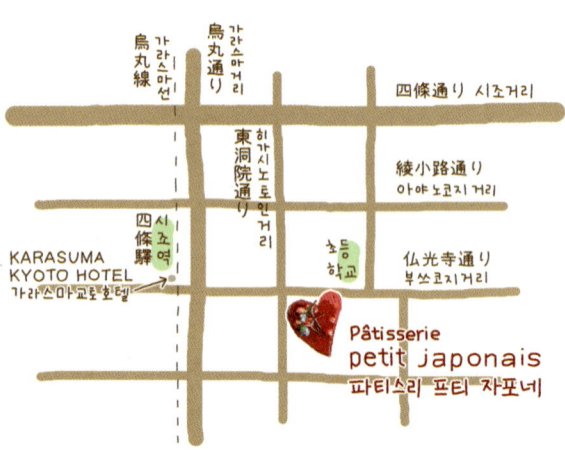

주소 京都市下京区東洞院仏光寺下る高橋町 605-2
전화 075-352-5326
영업 오전 12시 30분~오후 8시 (카페 마지막 주문은 7시 30분까지)
휴일 부정기 휴무
위치 가라스마선 시조역 5번 출구에서 도보로 3분
홈페이지 http://petitjaponais.com

파티스리 프티 자포네의 베스트 제품

미로와르 카시스 ミロワール カシス (￥460)

파티스리 프티 자포네의 간판 제품이다. 얇은 초콜릿 스펀지케이크 사이사이에 새콤한 프랑부아즈 크림과 카시스 크림을 켜켜이 발라 새콤달콤한 산미를 연출해낸 무스케이크다. 맨 윗면에는 카시스 쥬레와 블루베리를 올려 색감을 통일했다.

코코란쥬 ココランジュ (￥420)

이름에서도 알 수 있듯이 진한 초콜릿(코코)과 오렌지(란쥬)의 궁합이 인상적인 초콜릿케이크다. 진한 다크초콜릿으로 맛을 낸 초콜릿케이크 위에 초콜릿을 묻힌 오렌지(오랑제트)를 올려 장식해 포인트를 주었다.

시부스트 シブースト (￥420)

부드러운 시부스트 크림 안에 얼 그레이 브륄레가 들어 있어 향긋한 홍차의 향이 입안에 넣는 순간 은은하게 퍼지는 디저트다. 시부스트 크림을 받치고 있는 바닥은 초콜릿 타르트로 그 안에 바나나 소스가 깔려 있어 달콤함을 더해준다.

슈크림 シュークリーム (￥160)

미치에 셰프처럼 작고 아담한 사이즈의 슈 껍질 속에 진한 바닐라 향의 커스터드 크림이 가득 들어 있다. 입에 넣자마자 크림이 사르르 녹아 없어지면서 달콤한 행복을 선사하는 디저트다.

Crème de la Crème

크렘 데 라 크렘

슈의 천국에 오신 것을
환영합니다!

교토의 스위츠를 취재하면서 느낀 점은 이 도시의 깊은 역사만큼 스위츠 숍 역시 오래된 역사를 자랑하거나 어떤 고집이 느껴지는 곳들이 많다는 점이다. 도쿄의 스위츠숍들이 새로운 트렌드를 만들어내고 유행을 선도한다면, 교토의 스위츠숍들은 장인의 느낌을 물씬 풍긴다고나 할까.

이번에 소개할 크렘 데 라 크렘도 아기자기한 가게 이름과는 다르게 긴 역사를 가진 스위츠숍이다. 이곳은 쇼와昭和 시대부터 헤이세이平成 시대를 거쳐 얼마 전까지 왕실에 화과자를 납품하던 교토의 유서 깊은 화과자 판매상인 이시다 시니세石田老鋪에서 운영하는 슈 전문점이다. 참고로 시니세는 일본에서 100년 이상 된 장수 기업을 칭하는 말이다.

이시다 시니세는 메밀껍질로 만든 매실 모양 화과자로 유명한데, 1980년대 이후 회사의 규모가 점점 커지면서 화과자뿐만 아니라 양과자도 생산하기 시작했다. 현재는 교토에서는 물론이고 일본 전국의 양과자 시장을 통틀어서도 단단하게 입지를 굳힌 기업으로 손꼽힌다.

'크렘 데 라 크렘'은 직역하면 '크림 안의 크림'이라는 뜻이지만, 프랑스어에서 '크렘'은 '최고'라는 의미도 가지고 있어 '최고 중의 최고'라는 뜻으로도 해석할 수 있다. 최고의 슈크림 전문점이기를 추구하는 회사의 의지가 드

러나는 이름이다.

크렘 데 라 크렘을 대표하는 제품은 역시나 커스터드 크림을 사용해 만드는 슈다. 얇고 고소한 슈 껍질 속을 가득 채운 진한 바닐라 향의 커스터드 크림은 슈크림의 정석을 알려준다. 크렘 데 라 크렘의 슈는 슈 껍질도 독특한데 떡 같은 쫄깃함을 선사하는 것이 특징이다.

전통 깊은 기업에서 운영하는 곳인만큼 특색 있는 슈들도 주목할 만하다. 교-베지터블 슈는 이름처럼 야채를 주재료로 만든 슈다. 교-베지터블 슈에는 언제나 제철야채를 사용한다고 한다. 일본식 된장인 미소로 만든 슈도 있다. 일본식 된장은 한국의 전통 된장보다 묵직한 맛이 덜하다고는 하지만, 그래도 된장으로 만든 슈는 상상하고 싶지 않았다. 하지만 용감하게 마음을 먹고 미소 슈를 한입 먹어보니 신기하게도 된장 특유의 구수한 맛이 크림과 조화를 이루며 묘한 감칠맛이 났다. 우엉과 마로 만든 슈도 있었는데 과연 맛을 향한 인간의 상상력의 한계는 어디까지인지 문득 궁금해졌다.

그밖에 다이쇼 커스터드도 꼭 먹어보라고 추천하고 싶은 크렘 데 라 크렘의 대표 스위츠다. 이 제품은 다이쇼 시대의 스타일과 맛을 재현한 것이라고 해서 다이쇼 커스터드라는 이름을 붙였다고 하는데 황설탕, 흑설탕 등 여러 종류의 설탕과 계란으로 만든 진한 커스터드 크림을 넣은 것이 특징이다. 에클레어 안에 진한 커스터드 크림을 듬뿍 넣어 에클레어와 슈를 동시에 먹는 듯한 즐거움을 주는 바톤 슈도 크렘 데 라 크렘에서만 먹을 수 있는 특색 있는 스위츠다.

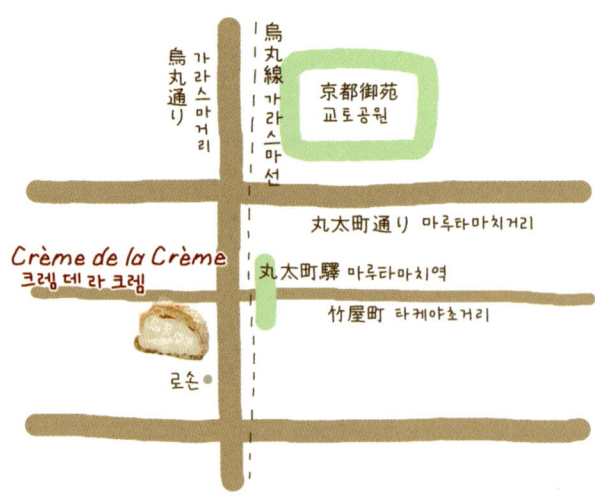

주소 京都市中京区烏丸竹屋町少将井町 225
전화 075-241-4547
영업 오전 10시~오후 8시 (월~토요일), 오전 10시~오후 6시 (일요일)
오전 11시 30분~오후 6시 (2층 카페)
휴일 매주 화요일
위치 가라스마선 마루타마치역에서 하차, 5번 출구 건너편에 위치
홈페이지 http://www.cremedelacreme.co.jp

크렘 데 라 크렘의 베스트 제품

크렘 데 라 크렘 Crème de la Crème (￥262)

바삭거리는 일반적인 슈와는 달리 떡처럼 쫄깃한 식감이 색다른 크렘 데 라 크렘의 대표 제품이다. 슈의 바닥 부분에는 폭신한 스펀지케이크 시트를 깔고 그 위에 진한 커스터드 크림을 듬뿍 넣어 만들었다.

바톤 슈 Baton chou (￥262)

벨기에산 최고급 초콜릿을 사용해 만든 초콜릿 에클레어로 슈 전문점답게 에클레어 속을 커스터드 크림으로 가득 채웠다. 에클레어의 길다란 모양이 바톤과 같다고 생각되어 바톤 슈라는 별칭을 붙여주었다.

다이쇼 커스터드 大正かすたぁど (￥136)

황설탕, 흑설탕 등 여러 종류의 설탕과 유기농 계란으로 만든 진한 커스터드 크림을 쫄깃한 식감의 슈 안에 넣어 만든 크렘 데 라 크렘의 또 다른 대표 제품이다. 다이쇼 시대에 쓰여진 디저트 레시피를 재발견하여 현대적으로 응용해 만든 제품이라고 한다.

미소 크림

교 베지터블 슈
KYO-VEGETABLE CHOU (￥189)

'교'(京)는 교토, 더 나아가 일본을 의미하는데, 이 야채 슈는 일본에서 생산되는 야채와 미소와 같은 일본 전통소스를 활용해 만든 슈이기에 교 베지터블 슈라는 이름을 붙였다고 한다. 실험적인 재료를 사용한 크림의 맛이 독특하다.

고스트

달콤함에 한 번 취하고,
알코올 향에 또 한 번 취하고

몽블랑, 에클레어, 밀푀유, 쇼트케이크, 마카롱 등 다양한 종류의 디저트들이 가진 한 가지 공통점은 무엇일까? 당연한 이야기지만 달콤한 맛이다. 달지 않은 것엔 스위츠란 이름을 붙여줄 수 없다. 그래서인지 스위츠숍 이름에는 보통 행복감, 즐거움, 사랑스러움을 불러일으키는 단어들이 많이 쓰인다.

하지만 이번에 소개할 곳의 이름은 조금 무시무시하다. '고스트'라는 이름을 가졌기 때문이다. 뜻은 모두들 알고 있는 '유령'이라는 그 의미가 맞다. 고스트는 이곳에서 파는 케이크보다 가게 안을 꽉 채우고 있는 다양한 술병들과 칵테일로 더 유명한 곳이다.

고스트는 교토에서도 조용하고 고즈넉한 풍경이 인상적인 테라마치寺町 거리에 있다. 고스트는 이곳이 어떤 곳인지 친절하게 알려주는 간판도 없이, 단정하게 생긴 하얀색 건물 안에 위치해 있다. 아는 사람들을 통해 알음알음으로 갈 수밖에 없는 가게다.

내부로 들어가니 밝은 조명이 작은 가게 안을 환하게 비추고 있었지만 통로가 길고 좁아 들어가는 내내 으스스한 느낌이 들었다. 이런 곳에서 스위츠를 판다니 전혀 어울리지 않는 듯했다. 이런저런 생각을 하며 통

로 끝에 다다르자 제일 먼저 눈에 들어오는 것은 다양한 종류의 술병들이었다. 일반적인 스위츠숍에서 볼 수 있는 쇼케이스는 전혀 찾아볼 수 없었다. 대신 크고 작은 술병들 사이사이에 작은 파운드케이크들이 옹기종기 놓여 있었다.

고스트에서 파는 모든 스위츠에는 술이 들어간다. 그래서 알코올이 들어간 양과 알코올 도수를 케이크 네임카드에 표시해두어 알코올에 약한 사람들은 주의해서 선택할 수 있게 해놓았다.

디저트를 파는 곳임에도 불구하고 이토록 술에 집착하는 이유가 궁금했는데 알고보니 고스트의 오너는 교토에서 모르는 이가 없을 정도로 유명한 바의 오너라고 한다. 고스트의 스위츠는 바텐더 출신인 오너가 만든 칵테일을 파티시에가 시음한 뒤 그 맛에 어울리는 제품으로 만드는 과정을 거친다고 한다.

내가 고스트를 방문했을 때 본 스위츠들은 초콜릿으로 코팅된 심플한 것들이 많았다. 사람으로 이야기하자면 인생의 단맛, 쓴맛을 모두 경험한 성숙한 어른의 모습 같았다고나 할까. 하지만 그 속에는 신선한 과일 쥬레와 부드러운 무스 크림이 들어 있어 한입 베어 물면 여러 종류의 술이 황홀하게 섞인 칵테일 맛이 났다. 특히 허브 리큐르로 만들어진 제품은 입안에 시원한 허브의 청량감이 감돌아 인상적이었다.

책 출간을 마무리할 무렵, 가게 정보를 다시 찾아보니 고스트는 2010년 6월부터 가게를 리뉴얼해 새롭게 운영하고 있다고 한다. 내가 방문했을 적과 비교했을 때 가장 큰 변화는 케이크 생산을 중단하고, 술을 테마

 로 한 크레페 전문점으로 바뀐 것이다. 메뉴는 바뀌었지만, 디저트와 술의 어울림을 주제로 가게를 꾸려가는 것은 여전했다.

 고스트를 둘러보던 날, 문득 하루 일과를 마치고 지친 몸을 삼겹살과 소주 한 잔으로 해소하는 직장인 친구들이 떠올랐던 것은 무슨 이유였을까. 요즘은 많이 좋아졌다고 하지만 여전히 고기와 술로 점철된 직장인들의 회식문화가 안타까웠던 탓일까. 한국에도 고스트 같이 동료들과 퇴근 후에 칵테일과 함께 달달한 디저트를 먹으며 피곤했던 하루를 풀 수 있는 독특한 공간이 생기면 참 좋겠다는 바람을 가져봤다.

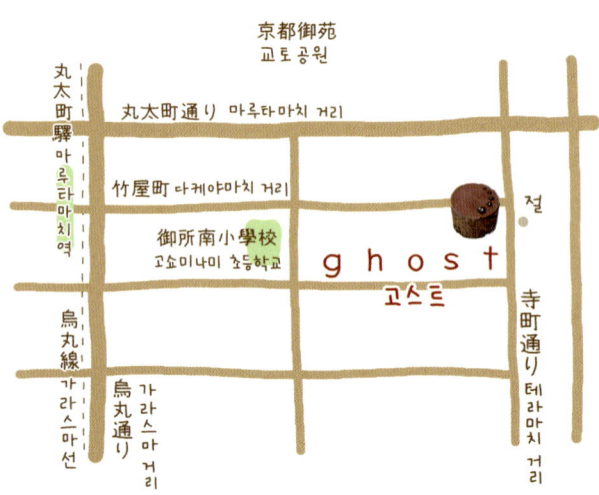

주소 京都市東山区四区通花見小路西入ル北側井澤ビル 5F
전화 075-532-2828
영업 오전 11시~오후 11시
휴일 매주 월요일
위치 가라스마선 마루타마치역에서 하차, 데라마치 거리와 다케야마치 거리의 교차로 남쪽으로 도보로 5분

고스트의 베스트 제품

탈리스카 TARISKER (￥560)

아몬드와 초콜릿을 사용해 만든 스펀지케이크 시트 위에 위스키에 절인 체리와 그리오트 쥬레를 올린 뒤 진한 초콜릿 무스로 감싸고, 마지막으로 초콜릿 그라사주로 코팅한 케이크다. 탈리스카는 싱글몰트 위스키의 이름이기도 하다. 위스키를 사용한 케이크이기 때문에 알코올 향이 강렬하다.

고스트 넘버원 ゴーストNo.1 (￥560)

고스트에서 판매했던 제품들은 대부분 술을 바탕 재료로 하여 만들어졌지만, 술을 좋아하지 않는 고객들을 위해 무알코올 디저트도 한 종을 판매했다. 아몬드와 초콜릿으로 만든 스펀지케이크 시트 위에 초콜릿 무스와 바닐라 크림 브륄레를 올린 뒤 초콜릿 그라사주로 코팅하고, 미니 마카롱으로 장식한 심플한 케이크다.

타케츠루 竹鶴 (￥560)

타케츠루는 2007년부터 2011년까지 5년간 영국에서 발행하는 세계적인 위스키 전문지 〈위스키 매거진〉에서 선정한 최고의 위스키로 일본 아사히 그룹에서 제조하는 위스키다. 이 케이크는 마롱 크림 무스를 화이트초콜릿 그라사주로 코팅한 뒤 타케츠루에 절인 베리를 올려 완성한 케이크다.

기온 도쿠야
ぎおん 徳屋

화로에 구워 먹는
일본식 전통 디저트

교토를 떠나기 전, 너무 양과자 중심으로 스위츠숍을 소개했다는 아쉬움이 들었다. 그래서 찾아가게 된 곳이 기온 도쿠야다. 기온 도쿠야는 도쿄의 간다마쓰리神田祭, 오사카의 텐진마쓰리天神祭와 더불어 일본의 3대 마쓰리(축제)로 꼽히는 기온마쓰리祇園祭가 열리는 교토 기온 거리에 있는 일본식 전통 디저트 가게다. 한큐교토본선을 타고 시조역에서 내려 역을 빠져나오면 교토의 풍경을 소개할 때 항상 빠지지 않는 넓은 가모鴨 강변이 한눈에 들어와 눈을 시원하게 해준다. 강 옆으로는 일본 시대극에서나 보던 옛 건물들과 상점이 늘어서 있어 아득한 정취를 느낄 수 있다. 그 길을 쭉 걸어 올라가다보면 기온 거리가 나온다.

기온 거리는 옛 교토의 번화가로 일본의 옛 모습이 살아 있는 곳이다. 현재 일본에 남아 있는 게이샤는 전국적으로 대략 1만 5천 명 정도로 추산되는데 그 중심이 바로 기온이다. 이곳에는 게이샤들을 교육시키는 전용극장도 있어 때만 잘 맞춰간다면 더욱 볼거리가 풍부하다. 게이샤 말고도 기온 거리에는 볼거리가 많다. 교토의 신사들이 자주 찾던 요릿집이 있는 골목은 물론이고, 골동품을 파는 상점과 전통 찻집 등 둘러볼 곳 투성이다.

　기온 도쿠야는 기온 거리에서도 옛 일본의 정취를 가장 많이 품고 있다고 알려진 하나미코지花見小路의 한 목조건물에 위치해 있다. 주변의 다른 목조건물들과 크게 다른 모습은 아니지만, 나무로 만들어진 미닫이문을 열고 들어가면 따뜻한 조명이 감싸고 있는 실내가 무척 아늑해 보인다. 나무 테이블 위에 화로가 놓여 있는 모습도 정겹다. 입식으로 된 실내에서 안쪽으로 더 들어가면 좌식 탁자가 놓인 다다미방이 있다. 좀 더 일본스러운 정취를 느끼기 위해 나는 다다미방에 자리를 잡았다.
　기온 도쿠야의 대표 메뉴는 고사리 전분으로 만들어진 혼와라비모찌本わらびもち라는 떡이다. 혼와라비모찌는 최고급 고사리 전분에 와삼당을 넣어 반죽해 매우 부드럽고 달콤하다. 혼와라비모찌를 주문하면 기나코きなこ라고 불리는 콩가루와 구로미쓰くるみつ라는 검정색 조청도 함께 나오는데, 이 조청과 콩가루를 묻혀 먹어야 제맛이 난다고 한다. 말랑말랑하게 씹히는 식감과 고소한 콩가루의 맛, 그리고 달짝지근한 꿀맛이 오묘한 조화를 이루는 일본식 전통 디저트였다.
　테이블마다 놓여 있는 화로에 떡을 구운 뒤 우리나라의 팥죽과 같은 오시루코お汁粉 소스에 찍어 김에 말아 먹는 디저트인 하나미코모찌花見こもち도 인상적이다. 하나미코모찌를 시키면 혼와라비모찌를 시킬 때 나오는 기나코와 구로미쓰가 함께 나오기 때문에 한끼 식사대용으로도 충분하다. 하나미코모찌를 시키면 나오는 떡은 '달콤한 간장'이라는 뜻의 아마소유甘醬油에 찍어 먹어도 맛있다. 떡으로 만든 디저트를 다 먹은 뒤엔 가키고오리라는 일본의 전통 빙수를 먹는 것도 빼놓을 수 없는 코스다.

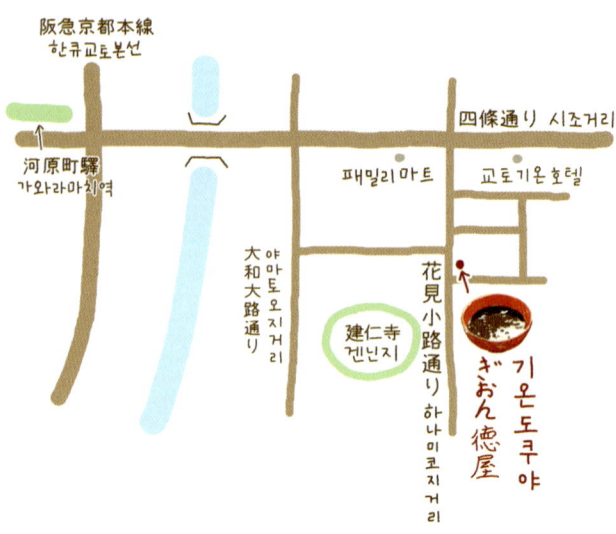

주소 京都市東山区祇園町南側 570-127
전화 075-561-5554
영업 정오 12시~오후 6시 (준비한 모든 메뉴가 판매되면 가게 문을 닫음)
휴일 부정기 휴무
위치 한큐교토본선을 타고 가와라마치역에서 내려 도보로 5분
홈페이지 http://giontokuya.jp

기온 도쿠야의 베스트 제품

하나미코모찌 세트 花見こもち (¥1,500)
말린 떡을 화로에 올려 구워서 고소한 콩고물, 김, 아마소유(달콤한 간장), 오시루코(우리나라의 팥죽과 비슷한 음식) 등에 버무려 먹을 수 있는 세트다. 한끼 식사로도 손색이 없을 만큼 푸짐하다.

혼와라비모찌 세트 ほんわらびもち (¥1,200)
최고급 혼와라비 가루(고사리 전분)와 와삼당을 섞어서 만들어 식감이 부드러운 혼와라비모찌 세트다. 전분이 흐물어지지 않도록 얼음을 갈아 그 위에 올려 낸다. 꿀과 콩가루를 묻혀 한입에 넣어 먹으면 고소함과 은은한 달콤함이 입안 가득 번진다.

sweets shop in Osaka

{ 일본 식도락가들의 도시
오사카의 스위츠숍 }

에크 추아

'카카오의 신'이라는 이름을 내건
오사카 최고의 쇼콜라티에

오사카의 스위츠숍을 취재하면서 제일 궁금했던 곳이 있었다면 이번 장에서 소개할 에크 추아다. 에크 추아는 멕시코 인디언 언어로 '카카오의 신'이라는 뜻이다. 참고로 고대 마야문명에 관한 고서古書를 보면 두꺼운 입술과 날카로운 코, 그리고 검은 얼굴을 가진 신이 있다고 한다. 그가 바로 카카오의 신 에크 추아인데 멕시코의 카카오 농장주들은 에크 추아를 숭배하여 카카오의 풍작을 염원하는 의례를 올렸다고 한다. 에크 추아라는 단어의 의미를 알고 나자 초콜릿 맛에 얼마나 자신이 있기에 '카카오의 신'이라는 단어를 과감하게 가게 이름으로 썼을까 싶은 생각이 들어 하루 빨리 방문해야겠다고 다짐했다.

에크 추아는 나가호리쓰루미료쿠치長堀鶴見緑地선을 타고 마쓰야마치松屋町 역에서 내리면 바로 보이는 오르막길 위에 있는 쇼콜라티에다. 에크 추아가 들어선 건물은 워낙 낡은 목조건물이라 오르막길을 오르다보면 바로 눈에 확 뜨이는데 밖에서 보면 달콤한 초콜릿을 만드는 곳이라기보다는 전통 화과자를 만드는 곳만 같다. 오래된 거리의 풍경이 고스란히 살아 있는 오사카 가라호리空堀 거리에는 지어진 지 100년이 넘은 낡은 가정집을 새롭게 보수해 복합 상점으로 만든 곳이 있는데, 그 건물 한쪽 구석

의 창고로 쓰이던 곳을 개조하여 만든 곳이 바로 에크 추아 본점이다.

    기와지붕을 올린 낡은 문을 지나 안으로 들어간 뒤 큰 나무를 끼고 정원 왼쪽으로 들어가면 비로소 에크 추아 본점이 보인다. 실내로 들어가기 위해 낡은 계단을 하나하나 밟고 올라가는 동안 오랜 시간을 품고 있는 이런 분위기의 쇼콜라티에라면 초콜릿의 맛을 천천히 음미하며 감상할 수 있겠다는 생각이 들었다. 이윽고 계단을 다 올라가 옛날 시골집 문을 열듯 드르륵 소리를 내며 미닫이문을 열자 은은한 초콜릿 향이 코끝을 달콤하게 감쌌다.

    실내에는 다양한 종류의 초콜릿과 초콜릿으로 만든 쿠키들이 옹기종기 진열되어 있었다. 오사카 최고의 쇼콜라티에라고 하기에는 전체적인 분위기가 조용하고 오밀조밀한 느낌이었는데, 소박한 분위기를 보니 장삿속 전혀 없고 고집 있는 장인의 면모를 풍기는 것 같아 그 점이 마음에 들었다. 진열대 너머로는 주방이 바로 보여 분주하게 움직이는 쇼콜라티에의 손놀림과 움직임이 눈길을 끌었다.

    발걸음을 옮겨 안으로 좀 더 들어가니 1층과 2층으로 나누어진 카페 공간도 보였다. 창고를 개조해 만든 곳이라 그런지 구석진 장소가 주는 안락함이 인상적이었다. 바람에 흔들리는 창문 소리와 한 걸음씩 발자국을 뗄 때마다 들리는 나무 바닥의 삐거덕거리는 소리마저도 기분 좋은 소음으로 다가왔다.

    2층은 더욱 예스러운 느낌을 풍기는 공간이다. 2층 카페는 70~80년대에 만들어진 듯한 초콜릿 홍보 포스터와 고풍스러운 찻잔들로 실내를 꾸

며 놓아 테이블에 가만히 앉아 있으면 자연스레 옛 추억에 빠질 것만 같다.

가게의 전체적인 분위기를 둘러본 뒤 나는 자리를 잡고 에크 추아의 초콜릿들과 케이크를 맛보았다. 내가 주문한 것은 에스프레소 향이 가득한 가나슈인 파레 아 에스프레소, 고소한 견과류 크림과 밀크초콜릿의 부드러움이 일품인 에크 추아, 레몬 과즙과 리큐르로 향을 더해 상큼한 맛을 낸 밀크초콜릿 가나슈인 시트롱, 에크 추아에서 파는 초콜릿 케이크 중 가장 인기 있는 제품인 데오브로마 케이크였다. 데오브로마 케이크는 산뜻한 오렌지 풍미의 밀크초콜릿 가나슈와 초콜릿 스펀지케이크를 3단으로 나누어 올린 케이크로 부드럽고 달콤한 맛이 일품이었다.

에크 추아에서는 초콜릿의 본고장 벨기에의 칼리바우트 CALLEBAUT 사의 커버추어 초콜릿을 사용하여 카카오의 본래의 깊은 맛을 느낄 수 있다. 에크 추아에서는 초콜릿뿐만 아니라 파르페, 초콜릿 퐁뒤, 초콜릿 드링크 등 초콜릿으로 만들 수 있는 거의 모든 디저트들을 판매하고 있다.

에크 추아의 초콜릿은 오사카의 다이마루 백화점 등에서도 판매할 만큼 그 맛을 인정받고 있다. 또한 일본의 유명한 음식점 랭킹 사이트인 타베로그의 오사카 지역 스위츠숍 평가에서도 계속해서 10위권 안의 순위를 유지하고 있는 유명한 곳이다. 에크 추아의 이런 명성을 가능하게 한 주인공은 이곳의 오너 쇼콜라티에인 우에마츠 히데오 셰프다.

우에마츠 셰프는 오래전부터 많은 유럽인들의 사랑을 받아온 초콜릿 문화의 매력을 일본에 전하고 싶어 1986년 오사카의 신사이바시 心斎橋에 처음으로 초콜릿 전문점을 오픈했다고 한다. 그는 부드럽고 섬세한 맛을

선호하는 일본인들의 입맛에 맞춰 다양한 초콜릿 드링크와 케이크 등을 개발해왔다. 지금의 에크 추아는 좀 더 편안하고 조용한 분위기 속에서 초콜릿의 깊은 맛을 음미할 수 있는 공간을 만들고 싶어 2003년 새롭게 단장한 것이라고 한다.

우에마츠 셰프는 지극히 '일본스러운' 재료들을 사용한 초콜릿을 개발하는 데 매진하고 있는 것으로도 유명하다. 그 결과 만들어진 초콜릿 중 하나가 미소 초콜릿이다. 몇 년 전 크리스마스 시즌에 처음으로 선보인 미소 초콜릿은 재료의 독특함 때문에 많은 사람들의 주목을 받았다고 한다.

그밖에도 뒷면에 소금을 살짝 발라 짠맛으로 초콜릿의 단맛을 더욱더 강조한 소금 초콜릿과 일반 두께의 초콜릿을 얇게 늘려 바삭함을 최대로 살린 판초콜릿도 에크 추아의 간판 제품이라고 한다.

간사이 지방을 여행하게 된다면 진한 달콤함으로 여행의 피로를 잊게 해줄 에크 추아에 꼭 들러보시기를 권한다.

1 1층에 위치한 쇼케이스와 작업장. 에크 추아만의 장인정신이 느껴지는 공간이다.
2 쇼케이스를 채우고 있는 다양한 종류의 봉봉 오 쇼콜라.
3 오래된 목조가옥을 그대로 사용하고 있어 낡았다는 생각이 들지만, 그만큼 편안함과 안락함이 느껴진다.

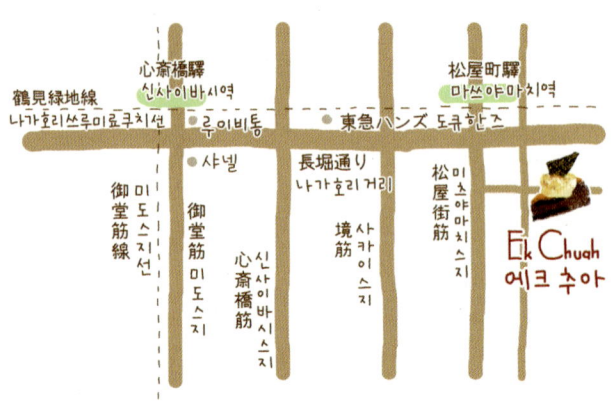

주소 大阪市中央区谷町 6-17-43 鍊-LEN
전화 06-4304-8077
영업 오전 11시~오후 10시 (공휴일 오전 11시~오후 9시)
휴일 매주 수요일
위치 나가호리쓰루미료쿠치선 마쓰야마치역 3번 출구 방향 오른쪽 오르막길에 위치
홈페이지 http://www.ek-chuah.co.jp

에크 추아의 베스트 제품

파레 아 에스프레소
Palais a l'expresso (￥294)

다크초콜릿에 에스프레소를 넣어 굳혀서 진한 향이 인상적인 초콜릿이다.

에크 추아 EK Chuah (￥294)

밀크초콜릿에 고소한 견과류 크림인 프랄린 크림을 넣어 가나슈의 맛을 풍부하게 만들었다.

시트롱 Citron (￥294)

레몬 과즙과 레몬 리큐르를 넣어 만든 밀크초콜릿 가나슈를 화이트초콜릿으로 코팅한 초콜릿이다.

칼바도스 Calvados (￥294)

프랑스 칼바도스산 사과로 만든 브랜디인 칼바도스로 향을 더한 밀크초콜릿 가나슈를 넣은 초콜릿이다.

푸르 드 아슈

Four de h

예술가의 상상력을 더해 만든
달콤한 호밀빵

오사카의 스위츠숍을 찾기 위해 일본의 유명 맛집을 소개하는 웹사이트를 방문하다보니 항상 상위 그룹에 뜨던 블랑제리가 한 군데 있었다. 심지어 지난 몇 년간 지역별로 일본 전역의 블랑제리 인기 투표를 했을 때 간사이 지방은 이곳 한 곳에 표가 집중되면서 큰 화제를 끌기도 했다. 바로 푸르 드 아슈라는 블랑제리다.

이 책에서는 케이크나 쿠키, 초콜릿 등 스위츠를 파는 가게를 소개하는 것이 목표였지만 이 가게만은 그냥 지나칠 수 없다는 생각에 블랑제리임에도 불구하고 푸르 드 아슈를 싣게 됐다. 참고로 '푸르four'는 프랑스어로 화덕이라는 뜻이다. 푸르 드 아슈는 화려한 케이크에 뒤지지 않을 만큼 참신한 아이디어를 바탕으로 만들어진 독특한 빵들로 오사카 사람들로부터 큰 인기를 끌고 있다.

푸르 드 아슈는 주오선 혼초本町역 근방의 높은 오피스 건물들 사이에 위치해 있다. 높은 빌딩 숲 사이에서도 오렌지색의 차양 덕분에 한눈에 찾을 수 있다. 워낙 인기 있는 곳이라 점심시간이면 많은 샐러리맨들이 가게 안으로 들어가지도 못한 채 밖에서 줄을 서서 기다리는 진풍경도 볼 수 있다. 그 줄을 따라 빵 냄새가 풍겨오는 가게 안으로 들어가면 다양한

빵들이 진열되어 있는 긴 선반이 제일 먼저 눈에 들어온다.

푸르 드 아슈의 거의 모든 제품을 혼자 만들어내고 있는 텐노 셰프는 원래 파티시에였다고 한다. 더욱 재미있는 것은 파티시에를 하기 전에는 화가를 꿈꾸는 예술가 지망생이었다는 점이다. 그림을 그리던 그가 디저트를 만드는 파티시에가 된 계기는 매우 독특하다. 스물일곱 살이 되던 해, 그는 도쿄의 다이칸야마代官山에 있는 유명한 파티스리에서 유미타 토오루 셰프를 만나게 된다. 그가 운영하던 파티스리에는 '고흐 같은 바나나 케이크'라는 이름의 제품이 있었는데, 유미타 셰프의 말에 따르면 이 바나나케이크를 만든 직후 고흐의 작품에 나오는 노란색이 떠올라 케이크 이름을 그리 짓게 됐다고 한다. 우연한 기회에 이 에피소드를 들은 텐노 셰프는 어쩌면 케이크를 만드는 과정은 그림을 그리는 것, 혹은 예술을 하는 행위와 크게 다르지 않을 것이라는 깨달음을 얻었다고 한다.

이를 계기로 새 출발을 하게 된 텐노 셰프는 다시 한 번 변화의 계기를 맞이한다. 지금은 없어졌지만 프랑스의 유명한 장인이 운영하던 블랑제리에서 일하면서 제빵기술도 배우게 된 것이다. 이후 텐노 셰프는 자신만의 블랑제리를 오픈하게 되는데 2004년 처음 오픈한 가게의 이름은 '파티스리 에 블랑제리 이매지네이션Pâtisserie et boulangerie imagination'이었다. 우리말로 번역하자면 '상상력 빵집' 정도 될까. 어떤 제품을 만들든지 간에 처음에는 머릿속에 만들고자 하는 빵이나 디저트의 그림을 그려보는 데에서 출발하기 때문에 가게 이름에 상상력이라는 의미의 단어를 넣었다고 한다. 그 때문인지 텐노 셰프가 만들어내는 빵들은 우리가 생각지도 못한

1 갓 구워져 나온 크루아상. 최고급 발효 버터를 사용해 만들어 입안에 고소한 향이 가득 퍼진다.
2 푸르 드 아슈의 인기 제품 세이글 후루이 럼. 럼주에 절인 과일을 넣어 만든 호밀빵이다. 한 개에 380엔.
3 푸르 드 아슈의 또 다른 인기 제품인 하나미의 쇼콜라. 한 개에 290엔.
4 오렌지색 차양 덕분에 푸르 드 아슈를 찾는 일은 그리 어렵지 않다.
5 푸르 드 아슈의 진열대.

5

　재료들의 조합으로 탁월한 맛을 만들어내는 제품들이 많다. 모두가 그의 독특한 상상력 덕분이다.
　푸르 드 아슈의 대표 제품은 겉은 딱딱하지만 속은 부드러운 프랑스식 빵과 호밀빵이다. 그래서인지 제품 이름에서 가장 자주 눈에 띄는 것이 세이글Seigle, 즉 프랑스어로 '호밀'이라는 단어. 텐노 셰프는 호밀이란 말을 들으면 자연스레 할머니가 떠오른다고 한다. 어릴 적 할머니 손에서 자란 그는 호밀빵을 만들 때마다 자신에게 항상 투박하지만 맛있는 간식을 만들어주던 할머니를 생각한다고 한다. 텐노 셰프는 할머니를 향한 그리움에 자신만의 예술적인 상상력을 덧붙여 생각지도 못한 재미있고 독창적인 제품을 창조해낸다.
　그가 주로 호밀빵에 곁들이는 재료들은 말린 과일이나 견과류, 캐러멜 등인데 그의 손길이 닿으면 평범한 재료도 멋진 재료로 탈바꿈한다. 그 비결은 평범한 재료들의 맛을 살려주는 디테일한 그만의 레시피에 있다. 예를 들어 호밀빵에 말린 과일을 충전물로 넣더라도 그냥 말린 과일이 아니라 럼주에 오랫동안 절인 말린 과일을 넣어 만들기 때문에 빵에서 럼주의 깊은 맛과 과일의 맛이 스며들어 풍미가 강한 빵맛을 내는 식이다.
　호밀이라는 재료와 어울릴 것 같지 않은 재료인 초콜릿을 사용해 만든 '하나미의 초콜릿'이라는 호밀빵은 세 가지 종류의 초콜릿을 듬뿍 사용해 거칠고 담백한 맛으로만 기억하던 호밀빵이 부드럽고 달콤할 수도 있다는 뜻밖의 사실을 알려준다. 그밖에도 크렌베리와 크림치즈의 조화가 돋보이는 호밀빵인 엘 아이리스, 최고급 발효 버터를 사용해 고소한 맛이 일품인 크루아상 등도 푸르 드 아슈의 간판 제품이다.

　오사카의 미식가들이 꼭 가봐야 하는 곳 중 하나로 당당하게 손꼽히는 푸르 드 아슈. 푸르 드 아슈의 빵이 오사카 사람들의 입맛을 사로잡은 것은 단순히 맛있는 빵을 만들기 때문만이 아니라 그림을 그리는 화가의 마음으로 제품 하나하나에 창의력을 더해 빵맛을 하나의 예술적인 경지에 올려놓았기 때문은 아닐까 싶었다.

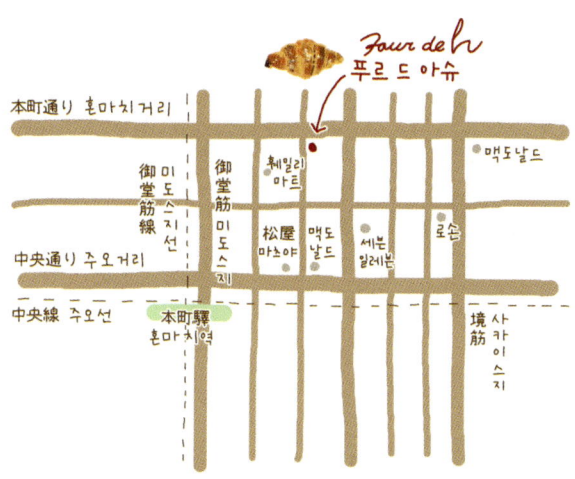

주소 大阪市中央区本町 2-6-5
전화 06-6243-1330
영업 오전 10시~오후 7시 (화요일~금요일), 오전 10시~오후 6시 (토요일, 공휴일)
휴일 매주 일·월요일
위치 주오선 혼마치역에서 도보로 7분

파티스리 드 사무라이 고칸

쌀가루로 만든
건강한 롤케이크

파티스리 드 사무라이 고칸은 1922년에 세워진 후 계속 은행으로 사용되던 4층짜리 예스러운 건물의 1, 2층에 자리 잡고 있는 스위츠숍이다. 파티스리 드 사무라이 고칸은 실내에 고급스러운 하얀 대리석이 깔려 있어 마치 최고급 레스토랑에 들어온 것 같은 느낌을 준다. 1층에는 강렬한 붉은색의 커다란 오븐이 있어 한 번 더 눈길을 사로잡는다. 2층에는 티살롱이 있는데 개인적인 공간처럼 정돈되어 있어서 마치 귀빈으로 접대 받는 기분이 드는 공간이다. 1층과 2층 사이를 뚫어 놓아 2층에서 1층을 내려다 볼 수 있는 점도 또 다른 볼거리를 제공한다.

　고칸은 우리나라 말로 풀자면 '오감五感'을 의미한다. 파티스리 드 사무라이 고칸의 매니저에 따르면 오감은 불, 물, 흙, 바람, 사랑이라는 다섯 개의 주제로 풀 수 있는데, 불은 오븐의 열 또는 장인의 열정을 의미하고, 물은 대자연의 근원, 흙은 대지의 은혜, 바람은 계절감을 표현한다고 한다. 마지막으로 사랑은 고객을 생각하는 마음을 뜻한다고 한다. 파티스리 드 사무라이 고칸의 이름에는 이 다섯 가지를 조화시켜 아름답고 맛있는 먹을거리를 만든다는 철학이 담겨 있다고 한다.

　파티스리 드 사무라이 고칸을 이끄는 오너 셰프는 아사다 미아키 셰프

다. 아사다 미아키 셰프는 밀가루, 계란, 버터로 만드는 양과자만으로는 일본 사람들의 마음을 움직일 수 없다고 생각하여 쌀을 이용한 스위츠를 선보인 셰프로 유명하다. 그가 쌀을 주재료로 생각하게 된 까닭은 오사카의 역사에서 비롯되었다.

오사카는 옛날부터 물과 궁(宮)이 많기로 유명한데, 덕분에 다리와 수로가 발달했다. 그런 까닭에 여러 지역의 물건들이 뱃길을 통해 오사카로 들어오곤 했다. '하늘 아래 큰 주방'이라고 불릴 만큼 먹을 것이 풍요로운 오사카에 들어오는 상품들 중 많은 부분을 차지했던 것이 바로 쌀이다. 아사다 미아키 셰프는 양식 문화의 영향을 받아 점차 식문화도 점점 서양의 그것과 비슷하게 변하고 있는 요즘, 일본인의 주식인 쌀을 이용해 양과자를 만드는 것은 큰 의미가 있다는 철학을 갖고 있다.

쌀로 만든 다양한 디저트들 중 파티스리 드 사무라이 고칸에서 제일 유명한 것은 쌀로 만든 롤케이크다. 쌀가루로 만든 촉촉하고 부드러운 시트에 검은콩을 넣은 생크림을 바른 오코메노 순나마롤은 파티스리 드 사무라이 고칸의 스테디셀러다. 바닐라 푸딩과 쌀, 우유를 함께 끓여 리소토 상태로 만든 오코메노 푸딩, 보통은 초콜릿과 치즈만으로 만드는 브륄레에 일본 특유의 느낌을 살리기 위해 녹차맛을 더한 고칸 토로토로 등은 파티스리 드 사무라이 고칸에서만 맛볼 수 있는 지극히 '일본스러운' 스위츠들이다.

어린아이들과 함께 여행을 할 예정이거나 선물을 줄 조카가 있다면 '에에몽'이라는 마들렌도 추천한다. 오사카 사투리로 '에에몽'은 '좋은 것', '맛

있는 것'이라는 의미인데 어릴 적 어른들이 아이들에게 맛있는 것을 줄 때 사용하던 말이라고 한다. 우리말로는 '까까' 정도일까? 에에몽은 검은콩을 넣어 영양도 맛도 만점인 독특한 마들렌이다.

쌀로 만든 롤케이크 말고도 파티스리 드 사무라이 고칸을 유명하게 만든 것이 하나 더 있다. 요즘은 인터넷이 발달한 덕분에 유명 과자점들도 인터넷으로 주문을 받아 제품을 배송해주는 일들이 많아졌다. 그러나 파티스리 드 사무라이 고칸은 고칸의 롤케이크를 매우 사랑하는 손님들의 요구에도 불구하고 인터넷 판매 대신 오프라인 매장 판매만을 고집한다. 고칸의 롤케이크는 방금 만들어져 나온 것이 가장 맛있다고 자부하는 고집과 손님들에게 제공되는 모든 제품은 최대한 갓 만들어진 것이어야 한다는 신념 때문이다.

이런 장인정신을 인정받아 오사카를 비롯해 일본 전역에 이름이 알려진 파티스리 드 사무라이 고칸은 이미 일본의 수많은 대형 백화점에서 입점 제의를 여러 차례 받았다고 한다. 그러나 미아키 셰프는 오사카 이외의 지역에 지점을 오픈할 생각이 절대 없다고 한다. 왜냐하면 규모가 커지면 초심이 흔들릴 수 있기 때문이다. 비록 프랑스를 비롯해 서양에서 시작된 문화를 받아들여 그 기술을 바탕으로 양과자를 만들지만, 일본의 뛰어난 식문화와 접목시켜 많은 사람들에게 참신한 맛을 알리고자 노력한다는 아사다 셰프의 말 한 마디 한 마디에는 자신의 일을 사랑하는 사람만이 뿜어낼 수 있는 자신감과 사명감이 스며 있어 같은 길을 걷고자 하는 입장에서 매우 존경스러웠다.

주소 大阪市中央区今橋 2-1-1 新井ビル
전화 06-4706-5160
영업 오전 9시~오후 8시
휴일 연중무휴
위치 사카이스지선 키타하마역에서 도보로 2분
홈페이지 http://www.patisserie-gokan.co.jp

파티스리 드 사무라이 고칸의 베스트 제품

오코메노 순나마롤 お米の純生ルーロ (￥998)
일본 사람들의 주식인 쌀을 이용해 만든 촉촉하고 부드러운 케이크 시트에 일본 국내산 검은콩과 생크림을 발라 만든 100% 쌀가루 롤케이크다. 지금의 파티스리 드 사무라이 고칸을 있게 한 일등공신이다.

에에몽 ええもん (3개들이, ￥893)
에에몽은 오사카 사투리로 '좋은 것' 혹은 '맛있는 것'이라는 의미다. 부드러운 마들렌 반죽에 검은콩을 더해 영양과 맛 두 마리 토끼를 모두 잡은 아동용 간식이다.

고칸 토로토로 五感とろとろ (5개들이, ￥1,260)
초콜릿이나 치즈 맛만 있던 크림 브륄레 제품에 일본 특유의 느낌을 살리기 위해 녹차가루를 넣어 만든 녹차 크림 브륄레다.

오코메노 푸딩 お米のプリン (3개들이, ￥630)
바닐라 푸딩과 일본 국내산 쌀을 우유와 함께 끓여 리소토 상태로 만들어 완성한 쌀 푸딩이다. 푸딩의 재료로는 어울리지 않을 것 같은 쌀을 이용해 만들어 마치 쌀죽을 먹는 듯한 부드러우면서도 포만감 넘치는 디저트를 만들어냈다.

몽 셰르

하루에 1만 개씩 팔리는
인기 만점 도지마 롤케이크

몽 셰르는 본점을 제외하고도 10여 개의 지점이 있을 만큼 일본인들의 입맛을 사로잡은 스위츠숍으로 제일교포 3세 김미화 씨가 운영하는 곳이다. 여러 지점 중 내가 찾은 곳은 오사카 도지마堂島 본점이 아닌 미나미호리에南堀江점이었다. 미나미호리에점을 선택한 이유는 사람들이 많이 모이는 도심과 가까운 곳에 있었기 때문이다.

'몽 셰르'는 프랑스어로 '내가 좋아하는 사람'이라는 뜻이다. 원래는 상호명이 '몽 슈슈(내가 좋아하는 것)'였는데 초콜릿 회사와 상표권 분쟁이 붙으면서 이름이 바뀌었다.

몽 셰르는 도지마 롤케이크로 유명하다. 도지마 롤케이크에 들어가는 생크림은 지방이 적어 가볍고 고소한 맛을 내는 홋카이도산 생크림을 여러 종류 배합해서 사용한다. 도지마 롤케이크는 기타신치北新地, 도쿄의 긴자 같은 오사카의 고급 상점가의 고급 상점 오너들을 통해 입소문이 나며 유명해졌다. 현재는 도쿄의 많은 백화점에서도 도지마 롤케이크가 판매되고 있다.

백화점과 몽 셰르 10개 지점에서 판매되는 도지마 롤케이크의 분량을 모두 합치면 하루에 평균 1만 개 정도 판매될 만큼 엄청난 인기를 자랑한다. 대단한 인기 덕분에 도지마 롤케이크는 하루에 두 번 정해진 시간에

만 판매되는데, 이를 구입하기 위해 롤케이크가 완성되는 시간에 맞추어 한 시간 전부터 손님들이 가게 앞에서 줄을 서서 기다리기도 한다. 도지마 롤케이크에 생과일을 슬라이스해 넣은 도지마 신데렐라롤, 초콜릿 시트에 초콜릿 크림을 바른 도지마 프린스롤, 촉촉한 크레이프로 한층 더 감싼 오츠츠미 도지마롤 등 다양하게 응용된 제품들도 있어 고객들은 입맛에 맞는 롤케이크를 골라 먹을 수 있는 선택의 즐거움도 함께 즐길 수 있다.

  도지마 본점은 30~50대의 비즈니스맨과 오피스레이디 손님들이 많고 미나미호리에점은 젊은 손님들이 많은 편이라고 한다. 주로 쇼핑을 마치고 친구들과 티타임을 위해 즐기러 온 손님이나 주변 주택가의 젊은 엄마들이 아이들과 함께 나들이를 나와 간식을 먹고 가는 경우가 대부분이라고 한다.

  몽 셰르는 프랜차이즈식으로 운영되고 있기 때문에 이곳의 대표 메뉴인 도지마 롤케이크 등 몇 개의 제품을 제외하고는 각 지점을 담당하는 셰프들이 자신의 고유한 레시피를 토대로 지점마다 다양한 스위츠를 선보인다. 도지마 롤케이크라는 대표 메뉴로 통일성을 유지하는 한편, 각 지점의 특색을 살린 운영 방식이 비즈니스적인 측면에서 효율적이라는 생각이 들었다.

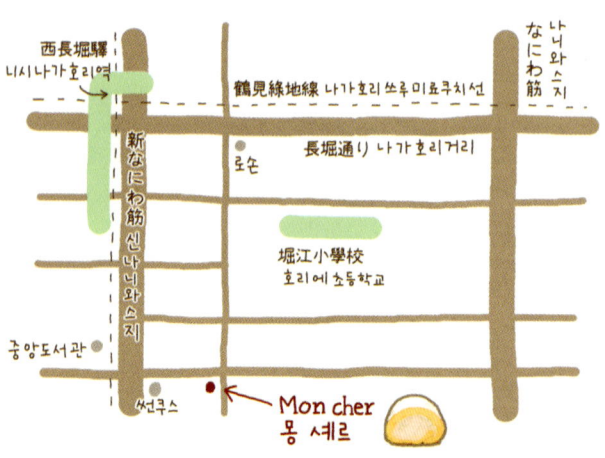

주소 大阪市西区南堀江 3-12-24
전화 06-6537-6587
영업 오전 10시~오후 8시
휴일 매주 월요일
위치 나가호리쓰루미료쿠치선 니시나가호리역에서 도보로 1분
홈페이지 http://www.mon-cher.com

몽 셰르의 베스트 제품

도지마롤 Tojima Roll (￥1,200)

지금의 몽 셰르를 있게 해준 롤케이크다. 촉촉하고 부드러운 스펀지케이크 시트에 고소하고 진한 홋카이도산 생크림을 발라 만든다. 하루에 2회에 걸쳐 한정된 개수만 판매한다.

가토 프랑부아즈 에 쇼콜라
Gâteau framboise et chocolat (￥380)

산미가 강한 프랑부아즈 무스와 진한 초콜릿 무스를 순서대로 쌓아 올린 뒤에 프랑부아즈 시럽을 발라 전체적으로 감싸준 무스케이크다. 프랑부아즈와 초콜릿의 궁합이 의외의 맛을 선사한다.

타르트 오 쇼콜라 Tarte au Chocolat (￥390)

초콜릿 타르트에 오렌지 브륄레와 가나슈를 넣어 초콜릿의 묵직한 맛을 가볍게 만들어주었다. 장식으로는 얇은 판초콜릿 두 개를 겹쳐서 올린 뒤 헤이즐넛으로 마무리를 하여 색감을 통일해주었다.

호리에노 오야츠 堀江のおやつ (￥189)

아이들이 좋아할 만한 부드러운 마들렌이다. 마들렌 하면 떠오르는 가리비 모양에서 벗어나 마들렌 반죽을 둥그런 모양으로 구워냈다. 속에 들어 있는 크림은 입안에 넣자마자 눈 녹듯이 사라진다.

NAKATANI
나카타니테이

20년 이상 오사카 스위츠 팬들의
꾸준한 사랑을 받아온 스위츠숍

이번에 소개할 곳은 지금으로부터 26년 전인 1987년에 문을 열어 지금까지 꾸준히 오사카 지역의 스위츠 팬들에게 사랑을 받아온 스위츠숍 나카타니테이다. 나카타니테이는 오사카에서 제일 오래된 스위츠숍이다.

 나카타니테이는 우에혼마치上本町역에서 도보로 2분 거리에 있어 찾아가기는 어렵지 않다. 그러나 가게를 단번에 알아볼 수 있는 입간판이 없어 맞은편에서 분홍색 간판을 정면으로 보지 않는 이상 그냥 지나쳐버리기 십상이다. 나카타니테이는 26년이라는 시간을 지내온 만큼 건물의 외관이 허름하다. 하지만 가게 안으로 들어가면 낡은 겉모습과는 달리 눈앞에 화려한 모양의 케이크들과 초콜릿들의 향연이 펼쳐진다. 가게 안쪽으로 더 들어가면 카페 공간도 마련되어 있어 케이크와 음료 그리고 매일 바뀌는 간단한 요리와 함께 와인도 즐길 수 있다. 나카타니테이 가까운 곳에는 초콜릿만 만들어서 파는 쇼콜라티에도 있다.

 20년 이상 한결같은 사랑을 받아온 나카타니테이의 오너 셰프인 나카타니 테츠야 셰프는 파티시에로서의 시작이 평균적인 파티시에들보다 늦은 편이었다고 한다. 장남이었기 때문에 당연히 가업을 물려받아야 한다고 생각했던 그는 대학교에 들어가서야 문득 자신이 진짜 하고 싶은 일이

　무엇인지 고민하게 됐다고 한다. 하지만 늦게 시작한 만큼 더욱 열심히 일한 결과 1984년, 프랑스 유학의 기회를 잡아 니스와 마르세유에 있는 호텔 레스토랑에서 파티스리 셰프로 근무한다.

　호텔에서는 파티가 자주 열렸기 때문에 설탕 공예로 다양한 제품들을 만들 기회들이 생겨 유학 시절 설탕 공예기술도 익힐 수 있었다고 한다. 이런 경험들을 토대로 그는 일본으로 돌아온 뒤 친구가 운영하는 프렌치 레스토랑에서 디저트 셰프로 일하며 차츰 자리를 잡기 시작하더니 결국에는 자신의 이름을 내건 나카타니테이를 오픈할 수 있게 된다. 이 모든 것이 파티시에가 되기로 결심한 뒤 6년이라는 짧은 기간 동안 이루어낸 성과라고 하니 놀랍기만 하다.

　나카타니테이의 간판 제품은 바삭하게 씹히는 맛이 일품인 밀푀유와 프랑스 전통과자 중 하나인 메렝게 샹티다. 나카타니테이의 밀푀유는 제철과일을 사용해 상큼한 맛을 연출한 것이 특징이다. 우리가 갔을 때는 딸기를 사용한 도톰한 밀푀유가 판매되고 있었다. 메렝게 샹티는 달걀흰자에 설탕을 넣어 거품기로 휘휘 저어 만든 머랭을 오븐에서 살짝 구운 뒤, 그 안에 부드럽고 신선한 샹티 크림을 발라 만든 프랑스 전통과자로 자칫 느끼해 보이지만 입안에 넣으면 부드러운 크림의 맛이 가득 퍼지는 것이 인상적인 스위츠다.

　케이크 외에도 소금에 타임, 로즈마리, 마늘을 혼합해 건조시킨 허브 소금, 다양한 종류의 향료를 넣어 만든 카레 소금, 각종 과일들로 만든 핸드메이드 잼 등도 판매하고 있어 쇼핑하는 재미가 쏠쏠하다.

1 초콜릿 전문점을 따로 운영하는 만큼 나카타니테이의 초콜릿은 기대 이상의 맛을 선사한다.
2 선물로 좋은 아몬드 프랄린 세트.
3 나카타니테이의 케이크들은 화려한 장식들보다 소박한 맛을 풍기는 제품들이 대부분이다.
4 색소가 많이 들어가지 않아 순한 색깔의 마카롱들.
5 나카타니테이의 초콜릿 선물 세트.

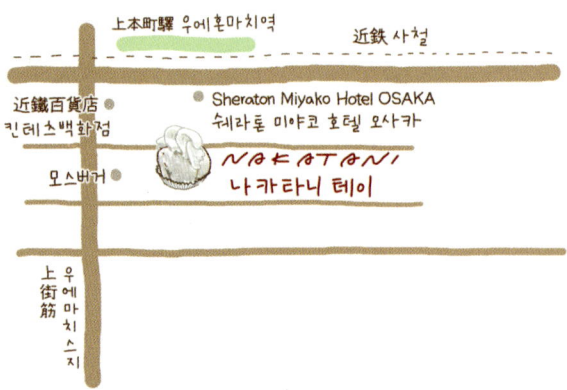

주소 大阪市天王寺区上本町 6-6-27
전화 06-6773-5240
영업 오전 10시~오후 7시
휴일 매주 월요일, 매달 셋째주 화요일
위치 오사카 사철 우에혼마치역에서 내려 도보로 2분
홈페이지 http://nakatanitei.jugem.jp

나카타니테이의 베스트 제품

메렝게 샹티 Merengue Chantilly (¥367)

메렝게 샹티는 계란흰자에 설탕을 넣어 곱게 거품을 낸 머랭을 오븐에서 바삭하고 부드럽게 구운 다음 신선한 생크림을 발라 만드는 프랑스 전통과자다.

마르조플레느 Marjoplaine (¥472)

아몬드 풍미가 가득한 시트 사이사이에 고소한 프랄린 크림과 생크림을 발라 만든 케이크다. 표면에는 쿠키 가루를 발라 고소한 맛을 더했다.

밀푀유 Mille-feuilles (¥525)

천 겹의 잎사귀라는 뜻의 밀푀유. 어떤 스위츠숍을 가더라도 쉽게 찾아볼 수 있는 제품이지만 나카타니테이의 밀푀유는 길다란 모양이 아닌 동그란 쿠키 모양으로 밀푀유를 만들어 앙증맞은 모양을 구현해냈다.

자바 Java (¥420)

파푸아뉴기니산 카카오를 사용해 만든 진한 초콜릿 무스 크림과 자바의 유명한 향신료인 후추가 어울려 알싸하지만 깊은 달콤함이 느껴지는 초콜릿 무스케이크다.

놓치면 아쉬운 일본의 스위츠 페스티벌

재팬 케이크 쇼 도쿄
JAPAN CAKE SHOW TOKYO

일본은 스위츠 대국답게 매년 다양한 종류의 케이크 경연대회들이 전국 이곳저곳에서 열린다. 도쿄에서 열리는 스위츠 연중행사 중 가장 대표적인 것으로 재팬 케이스 쇼 도쿄와 살롱 뒤 쇼콜라를 손꼽는다.

특히 재팬 케이크 쇼 도쿄는 일본 국내에서 개최되는 양과자 작품전 중 가장 규모가 큰 행사다. 도쿄양과자협회에서 1979년 '도쿄 현대 양과자 작품전'이라는 이름으로 개최하기 시작한 이 행사는 2000년대에 들어서면서 '재팬 케이크 쇼 도쿄'로 이름을 바꾸며 일본에서 제일 규모 있는 행사로 발돋움했다.

행사 기간 동안에는 마지팬 데코레이션 부문, 버터 크림 데코레이션 부문, 소형 공예 부문, 슈가 크래프트 부문 등 다양한 분야에 걸쳐 기술 대회가 열려, 현직 파티시에들과 쇼콜라티에, 제과학교 학생 등이 참가해 기량을 펼친다. 현재는 국제적으로도 행사의 위상이 높아져 한국과 대만 등 세계 각지에서 온 참가자들로 인해 규모가 한층 커졌다.

재팬 케이크 쇼 도쿄는 매년 10월 하마마츠초(浜松町)에 위치한 도쿄도립산업 무역센터(우리나라의 코엑스 같은 곳) 2~5층에서 3일간 개최된다. 입장권은 1,000엔으로 무역센터 3층에서 구입이 가능하다.

도쿄 살롱 뒤 쇼콜라
Tokyo Salon Du Chocolat

살롱 뒤 쇼콜라는 프랑스에서 1995년부터 매년 가을마다 전국의 쇼콜라티에들이 자신들이 새롭게 개발한 신제품을 발표했던 것이 그 시작이다. 패션업계의 오트 쿠튀르나 프레타포르테에 비교할 수 있는 살롱 뒤 쇼콜라 파리는 전 세계 유명 쇼콜라티에들과 초콜릿 브랜드들이 신상품을 발표하는 자리다.

일본의 살롱 뒤 쇼콜라는 2003년부터 매년 1월 도쿄 이세탄 백화점에서 개최된다. 도쿄 살롱 뒤 쇼콜라에서는 파리 살롱 뒤 쇼콜라에서 선보였던 초콜릿들을 다시 전시하는 것은 물론이고, 프랑스 국가 최고 장인으로 인정받은 쇼콜라티에와 파티시에들이 일본에 직접 찾아와 자신이 운영하는 디저트 가게와 그곳에서 판매하는 디저트들을 소개하기도 한다.

살롱 뒤 쇼콜라는 초콜릿 제조 과정 시연과 쇼콜라티에와의 만남 등 재미있는 이벤트들로 가득하기 때문에 쇼콜라티에를 꿈꾸는 사람이라면 한 번쯤은 꼭 가볼 만한 행사다. 2013년부터는 서울에서도 살롱 뒤 쇼콜라 행사가 개최되어 많은 호응을 얻었다.

베이킹 도구, 여기에서 구입하면 저렴해요!

갓파바시 도구 거리

아사쿠사淺草 거리와 기쿠야바시菊屋橋의 교차로에서부터 고토토이言問 거리까지 남북으로 길게 뻗은 갓파바시かっぱ橋 도구 거리에는 주방에서 필요한 조리도구와 설비에 관한 모든 것이 모여 있는 곳이다. 주방용품만 판매하는 전문점만 해도 170개 이상이 있을 만큼 일본 제과제빵 도구의 메카라고 할 수 있는 곳이 갓파바시 도구 거리다. 올해 가을이면 갓파바시 도구상점가 탄생 100주년을 맞이할 만큼 그 역사도 깊고 오래된 곳이다. 1983년부터는 도구의 날인 10월 9일 전후로 해서 갓파바시 마쓰리도 열린다.

갓파바시 도구 거리의 랜드마크는 뭐니 뭐니 해도 교차로에 세워진 갓파 동상인데, 2003년 도구상점가 탄생 90주년을 기념해 세워 놓은 것이다. 갓파는 일본 민담에 나오는 전설의 동물인데, 아이 정도 크기의 영장류로서 보통 거북이 등딱지를 가진 원숭이나 개구리처럼 묘사된다.

갓파바시 도구 거리는 해외의 프로 셰프들도 일본을 방문할 때마다 들를 정도로 저렴하면서도 좋은 물건이 많다. 특히 일본의 장인들이 직접 만든 그릇은 테이블 스타일링 등에 매우 유용하다. 인터넷 홈페이지(www.kappabashi.or.jp)도 있어 방문 전에 미리 가게 정보를 알아갈 수도 있다. 메인 화면에는 한국어 설명도 있어, 쉽고 편리하게 이용 가능하다.

갓파바시에 있는 상점들은 보통 오전 9시 반에 문을 열어 오후 5시 반쯤 되면 차츰 문을 닫는다. 정해진 휴일 없이 부정기적으로 가게 문을 닫는 게 일반적이라 미리 가게 정보를 알고 가기를 권한다. 업소를 대상으로 대량 판매만 하는 상점들도 있으므로 쇼핑을 하기 전에 낱개 판매도 하는지 물어보고 물건을 고르는 것이 좋다.

갓파바시 도구 거리 가는 방법

JR을 이용할 경우
야마노테선 또는 게이힌토호쿠선 우에노역에서 도보로 20분

지하철, 사철을 이용할 경우
① 도쿄메트로 긴자선 다와라마치역에서 도보로 5분
② 도쿄메트로 히비야선 이리야역에서 도보로 6분
③ 도에이 아사쿠사선 아사쿠사역에서 도보로 13분
④ 쓰쿠바익스프레스 아사쿠사역에서 도보로 5분

영업시간
월요일부터 금요일은 오전 9시~오후 5시
토요일은 전체 상점의 90% 정도가 영업
일요일과 공휴일은 전체 상점의 30% 정도가 영업
주말과 공휴일 영업시간은 점포마다 다름

쿠오카

쿠오카cuoca는 홈베이커들을 위한 재료뿐만 아니라 제과제빵에 필요한 도구들을 약 3,000여 개 정도 구비하고 있는 전문점이다. 30만 명 정도 되는 일본 홈베이커들의 사랑을 듬뿍 받고 있는 곳으로 우리나라에서도 홈베이킹에 관심이 있는 사람들이라면 한 번쯤 그 이름을 들어봤음직한 곳이다. 참고로 '쿠오카'는 이탈리아어로 '요리를 잘하는 엄마'라는 뜻이라고 한다.

지유가오카에 위치한 쿠오카 본점에서는 시즌별로 자주 사용되는 제품들을 이벤트 판매하고 있어, 저렴한 가격에 좋은 아이템을 살 수 있는 기회가 많다. 매장 한쪽에서는 베이킹 교실도 열고 있어 언제나 달콤한 향기로 가득하다. 쿠오카는 갓 파바시나 지유가오카 매장까지 갈 수 없는 이들을 위해 사람들이 많이 찾는 신주쿠 미츠코시 백화점 지하에도 매장을 두고 운영 중이다.

그마저도 방문이 어려운 사람들은 홈페이지를 통해 도구들을 구입할 수 있다. 쿠오카 홈페이지에는 정기적으로 베이킹 레시피와 같은 유용한 정보들도 업로딩된다. 그러나 아쉽게도 한국에는 쿠오카 제품이 직수입되지 않고 있어, 아직까지는 해외 구매대행 업체를 이용해야 하는 불편함이 있다.

쿠오카 지유가오카 본점
주소 東京都目黒が丘 2-25-7 ラグール自由が丘スイーツフォレスト 1F
전화 03-5731-6200
영업 오전 10시~오후 8시
휴일 부정기 휴무
홈페이지 www.cuoca.com

스위츠 홀릭의 달콤한 일본 여행

© 이민애 2013

초판 발행 2013년 8월 5일

지은이	이민애
펴낸이	김정순
책임편집	한아름
사진	이혜진
일러스트	백혜숙
디자인	김수진
마케팅	김보미 임정진 전선경
취재지원	간사이 지역 진흥재단, 간사이 프로모션 서울사무소
	고베 포트피아 호텔, 교토 타워 호텔, 오사카 크로스 호텔

펴낸곳	(주)북하우스 퍼블리셔스
출판등록	1997년 9월 23일 (제406-2003-055호)
주소	서울특별시 마포구 양화로 12길 24(서교동 선진빌딩) 6층
전자우편	editor@bookhouse.co.kr
홈페이지	www.bookhouse.co.kr
전화	02-3144-3123
팩스	02-3144-3121

ISBN 978-89-5605-559-6 13980

이 도서의 국립중앙도서관 출판시도서목록(CIP)은 서지정보유통지원시스템 홈페이지(http://seoji.nl.go.kr)와 국가자료공동목록시스템(http://www.nl.go.kr/kolisnet)에서 이용하실 수 있습니다. (CIP 제어번호 : CIP 2013010324)